国家级一流本科课程配套教材

创业启程

ENTREPRENEURSHIP FUNDAMENTALS

陈 劲　石锦澎　钱方兵　编著

科学出版社
北　京

内 容 简 介

本书共十四章，立足国家相关创业方针和政策，从理论和实践两个层面，探讨和总结创业活动的一般规律和关键问题，使学习者了解和掌握创业的基本概念、关键知识和实操技能。理论层面：梳理了创业的内涵、分类和本质等重要概念；分析了创业过程的特征和风险等；总结并对比了五种经典创业管理模型；梳理了创业领导力的内涵、理论基础等。实践层面：阐述了创业过程中的创业战略、商业模式设计、融资、团队建设、创业文化、创业计划书等问题；针对大学生群体，聚焦创业教育、创业大赛、大学生创业与连续创业等问题。

本书可作为高校本科生、研究生的创业教育教材，也可作为社会创业人员创业技能培训和创业服务指导用书。

图书在版编目（CIP）数据

创业启程/陈劲，石锦涛，钱方兵编著. —北京：科学出版社，2024.4
国家级一流本科课程配套教材
ISBN 978-7-03-077757-7

Ⅰ.①创… Ⅱ.①陈… ②石… ③钱… Ⅲ.①创业-高等学校-教材 Ⅳ.①F241.4

中国国家版本馆 CIP 数据核字（2024）第 019186 号

责任编辑：方小丽 / 责任校对：贾娜娜
责任印制：张 伟 / 封面设计：楠竹文化

科学出版社 出版
北京东黄城根北街 16 号
邮政编码：100717
http://www.sciencep.com

北京九州迅驰传媒文化有限公司印刷
科学出版社发行 各地新华书店经销

*

2024 年 4 月第 一 版　开本：787×1092　1/16
2024 年 4 月第一次印刷　印张：9 3/4
字数：231 000
定价：48.00 元
（如有印装质量问题，我社负责调换）

前言
PREFACE

创新是社会进步的灵魂，创业是推动经济社会发展、改善民生的重要途径。创新创业是塑造未来的关键驱动力和核心要素。激发调动全社会创新创业活力，对于释放全社会创新潜能、建设国家创新创业生态系统、加速科技进步和产业升级、稳定和扩大就业、推动社会发展和促进共同富裕具有重要意义。

党的二十大报告指出，"教育、科技、人才是全面建设社会主义现代化国家的基础性、战略性支撑"，要"全面提高人才自主培养质量，着力造就拔尖创新人才，聚天下英才而用之"。创新创业人才是强国建设和民族复兴的战略资源和力量。建设创新型国家、建设世界重要人才中心和创新高地、贯彻落实创新驱动发展战略等，需要在充分把握创新经济时代人才培养与成长规律的基础上，将创新创业教育融入人才培养全过程。开展创新创业教育，培养创新创业人才，不仅是深化高等教育教学改革、提高人才培养质量、促进大学生全面发展的需要，更是对接国家发展战略、服务国家人才需求、激发调动全社会创新创业创造活力的举措，直接关乎创新型国家建设、中国式现代化实现、中华民族伟大复兴。因此，创新创业教育不仅是当代高等教育的重要主题，更是社会进步、国家发展的现实要求。

创新创业教育本质上是一种实用教育和素质教育，以培养具有创新精神和创业基本素质的人才为目标，但并不是创新教育与创业教育的简单合并。创新教育以培养创新素养和开拓创新潜能为核心，旨在培养创新型人才。创业教育除了要激发人的创造力和想象力，培养其创新精神和创新素养以外，还要培养人的创业能力，更注重实践性。在创业过程中，创业者需要面对各种挑战和问题，如市场需求、资源配置、团队管理等。通过创业教育，创业者学会思考问题、分析问题，寻找机会，制定解决方案和实施计划。这对于未来的创业成功和职业发展都非常重要。

当前创业已超出传统的创建企业的概念，在各种形式、各个阶段的公司和组织中都存在创业活动。因此，创业教育不仅针对在校大学生，培养其创新精神、创业意识、创新创业能力，而且面向全社会打算创业、已创业、成功创业的创业群体，分阶段、分层次地进行创新思维培养和创业能力提升。

创业教材编写作为创业教育的基础性工程，在创新创业人才培养中起着至关重要的作用。本教材共十四章，立足于国家相关创业方针和政策，从理论和实践两个层面，探讨和总结创业活动的一般规律和关键问题，使学习者了解和掌握创业所需的重要概念、关键知识和实操技能。理论层面：梳理了创业的内涵、分类和本质等重要概念；分析了创业过程的特征和风险等；总结并对比了五种经典的创业管理模型；聚焦创业领导力，梳理了其内涵和相关研究，并梳理了创业领导力的理论基础。实践层面：总结了创业战略的内涵、类型和特征，阐述了创业战略规划的必要性和实施过程；辨析了创业与创新、技术创业与技术创新的关系；阐述了不同创业阶段的商业模式设计内容、商业模式设计的关键环节以及商业模式创新的原则与路径；梳理了创业融资的程序、方式和渠道以及融资环境分析的内容；从组织角度，阐述了创业团队建设的意义、常见问题、建设维度和策略以及创业文化的内涵、特征和实践；从实操角度，阐述了创业计划书的编制流程、撰写原则和内容等；针对大学生群体，聚焦创业教育、创业大赛、大学生创业与连续创业等问题。

本教材融理论性、实践性、知识性为一体，系统、简明、实用，帮助学习者构建创业认知体系，了解和掌握创业的基本理论、关键知识和实操技能，并注重创业思维的培养。本教材不仅可作为高校本科生、研究生的创业教育教材，而且可作为社会创业人员创业技能培训和创业服务指导的指导用书。

本教材的编写人员包括清华大学经济管理学院陈劲教授、浙江大学长三角智慧绿洲创新中心石锦澎以及宁波大学钱方兵。

党的二十大报告指出，"培养造就大批德才兼备的高素质人才，是国家和民族长远发展大计"。当前，无论是前沿科技突破还是自主产业升级，国家都需要大批的创新骨干和创业人才。希望本教材能够激发学习者的创新精神、创业意识，使学习者能够运用创业知识有效降低创业风险，运用创业思维勇敢面对创业不确定性，不断突破自我、成就梦想。在教材编写过程中，疏漏之处在所难免，欢迎加以指正。

陈　劲
2024 年 1 月于清华园

目录
Contents

第一章 创业的必要性和重要性 ·· 1
　一、经济增长的主要源泉 ·· 1
　二、追求个人发展的必然选择 ·· 3
　三、高校教育的一项重要任务 ·· 5

第二章 创业的内涵与本质 ·· 7
　一、创业的内涵 ·· 7
　二、创业活动分类 ·· 9
　三、创业理论 ·· 12
　四、创业研究概述 ·· 19

第三章 创业过程分析 ·· 21
　一、创业过程的概念与特征 ·· 21
　二、具体的创业过程 ·· 23
　三、创业过程中的风险 ·· 30

第四章 创业管理模型 ·· 34
　一、Timmons 创业管理模型 ·· 34
　二、Gartner 创业管理模型 ·· 35
　三、Wickham 创业管理模型 ·· 36
　四、Christian 创业管理模型 ······································ 37

五、Sahlman 创业管理模型 ································· 37
　　六、各类创业管理模型对比分析 ···························· 38

第五章　创业与领导力 ··· 41
　　一、创业领导力的内涵 ······································ 41
　　二、创业领导力的相关研究 ································· 43
　　三、创业领导力的理论基础 ································· 47

第六章　创业战略 ·· 49
　　一、创业战略的内涵和特征 ································· 49
　　二、创业战略规划的必要性和特征 ·························· 51
　　三、创业战略的类型 ·· 54
　　四、创业战略的实施 ·· 56

第七章　创业与技术创新 ······································ 58
　　一、创新的内涵与本质 ······································ 58
　　二、创业与创新综述 ·· 59
　　三、技术创新与技术创业 ··································· 63

第八章　创业与商业模式设计 ································ 69
　　一、创业阶段与商业模式设计 ······························ 69
　　二、创业企业商业模式设计的关键环节 ···················· 70
　　三、商业模式创新的原则与路径 ···························· 72

第九章　创业融资 ·· 75
　　一、创业融资概述 ·· 75
　　二、创业融资的程序 ·· 78
　　三、创业融资的方式与渠道 ································· 79
　　四、企业融资环境分析 ······································ 83

第十章　创业团队建设 ·· 85
　　一、团队与团队建设 ·· 85
　　二、创业团队建设的意义和问题 ···························· 86
　　三、创业团队建设的维度和策略 ···························· 88

第十一章　创业文化 ··· 92
一、创业文化的内涵与特征 ··· 92
二、创业文化的实践 ··· 95
三、大学创业文化 ·· 96

第十二章　创业计划书 ··· 104
一、创业计划书的内涵与作用 ·· 104
二、创业计划书的编制流程 ··· 107
三、创业计划书的撰写 ·· 113

第十三章　创业教育与创业大赛 ·· 121
一、创业教育 ··· 121
二、大学生创业教育 ··· 123
三、创业大赛 ··· 127

第十四章　大学生创业与连续创业 ··· 130
一、大学生创业 ·· 130
二、连续创业 ··· 135

参考文献 ·· 138

第一章
创业的必要性和重要性

党的十九大报告明确指出,要"鼓励更多社会主体投身创新创业","加快建设创新型国家"[1]。党的二十大进一步指出,"完善促进创业带动就业的保障制度,支持和规范发展新就业形态"[2]。目前,世界上很多国家都积极鼓励并扶持创新创业活动,将之纳入振兴经济的政策框架中。创新创业作为推动经济发展的新动力,已成为一个国家和地区经济发展不可或缺的一部分。当前我国正处于创新驱动转型的关键时期,实现经济增长的可持续性需要不断推动创业活动。开展创业活动,不仅可以增加就业机会、保障和改善民生,而且能够优化升级产业结构、培育新的经济增长动力,为社会经济增长提供有力支撑。

2018年9月,国务院发布《关于推动创新创业高质量发展打造"双创"升级版的意见》,该文件明确指出,"按照高质量发展要求,深入实施创新驱动发展战略,通过打造'双创'升级版,进一步优化创新创业环境,大幅降低创新创业成本,提升创业带动就业能力,增强科技创新引领作用,提升支撑平台服务能力,推动形成线上线下结合、产学研用协同、大中小企业融合的创新创业格局,为加快培育发展新动能、实现更充分就业和经济高质量发展提供坚实保障"。2020年《政府工作报告》强调,坚决打好三大攻坚战,加大"六稳"工作力度,保居民就业。然而,在创造就业机会方面,规模较小的初创企业比现有企业表现得更好。2022年5月,《国务院办公厅关于进一步做好高校毕业生等青年就业创业工作的通知》发布,就"多渠道开发就业岗位""强化不断线就业服务""简化优化求职就业手续""着力加强青年就业帮扶""压紧压实工作责任"等工作进行了部署。

一、经济增长的主要源泉

从20世纪80年代开始,创业研究开始大量涌现,创业与经济发展的关系日益成为一个重要的研究领域。创业型经济(entrepreneurial economy)最早由"现代管理学之父"Drucker(1985)提出。他认为,管理型经济会逐步向创业型经济转型。Schumpeter(1934)提出了著名的"创造性破坏"理论,认为新的企业家进入市场会打破原有的均衡状态,新创企业带

---

[1] 习近平:决胜全面建成小康社会 夺取新时代中国特色社会主义伟大胜利——在中国共产党第十九次全国代表大会上的报告[EB/OL]. https://www.gov.cn/zhuanti/2017-10/27/content_5234876.htm,2017-10-18.

[2] 习近平:高举中国特色社会主义伟大旗帜 为全面建设社会主义现代化国家而团结奋斗——在中国共产党第二十次全国代表大会上的报告[EB/OL]. https://www.gov.cn/xinwen/2022-10/25/content_5721685.htm,2022-10-16.

来的创新会破坏原有的产业结构、淘汰旧的生产体系，从而在经济周期内产生新的经济增长动力。之后，更多的经济学家投入创新和创业的研究中。比如，德国学派的经济学家[①]认为，创新创业是引发经济周期变化并在长期内不断推动经济增长的源泉。芝加哥学派的经济学家把创业纳入古典经济框架中进行分析。例如，Kirzner（1973）认为，创业作为创新实现的载体，对于创新收益的实现至关重要。在内生增长理论中，知识被看作一种重要的生产要素。比如，Acs等（2009）将创业作为知识溢出的传导途径，并把创业纳入内生增长模型中，为进一步研究创业与经济增长之间的作用机制奠定了基础。

具体来说，创业影响经济增长的内在机制主要表现在四个方面。

第一，创业是知识溢出的载体，是知识和技术传播的重要途径，通过知识商业化把知识转化为生产力，进而影响经济增长。内生增长理论将知识作为一种关键生产要素，认为知识并不能直接推动经济增长，只有被应用于生产和组织管理过程中，才会通过溢出效应带来产出和生产效率的提高。另外，知识具有公共产品的属性，一旦被最初投资者创造，其他的厂商和组织便可以省去创造成本，以更低的成本享受知识带来的生产效率的提高。而创业是知识溢出实现的重要路径，对知识商业化的实现至关重要。Acs等（2009）提出知识溢出创业理论，认为知识外溢产生了内生的创业机会，从而推动了经济增长。国内学者王立平和陈琛（2009）发现，在知识商业化的过程中，新创企业比在位企业起到更大作用。

第二，创业通过优化资源配置，促进产业结构的调整并影响经济发展。新创企业的进入和在位企业的退出，意味着生产要素由产能相对落后的部门流入新兴部门，从而形成更加合理和高效的要素组合，生产要素在部门间的流动也意味着产业结构的调整。Noseleit（2013）认为，新创企业的进入是引起产业结构变化的一个重要因素，并通过实证得出新创企业进入市场可以通过优化产业结构促进经济发展。另外，创业活动的增加会促进产业集聚的产生，形成专业化分工和资源优势互补的集聚经济，从而促进资源的合理配置和产业结构的优化升级，提升产业绩效，加快经济发展。

第三，创业通过促进市场竞争，提升企业经营效率，增加产品和服务的多样性，推动经济发展。新创企业进入市场会促进市场竞争，在竞争中落后的企业会面临被淘汰出局的压力。一方面，激烈的竞争环境会激发企业不断地进行创新以获得额外的创新收益，促使企业不断增加服务和提升产品的多样性，开拓新领域，挖掘新的市场需求；另一方面，企业的经营状况和进入退出市场的决策会为其他创业者提供借鉴，充分的市场信息可以有效提高新企业的存活率和经营效率。另外，为了与在位企业进行竞争，新创企业在创立之初就具备某些有利条件，从而提高了市场的整体效率（Spulber，2010）。Carree和Thurik（2008）通过对21个经济合作与发展组织（Organization for Economic Co-operation and Development，OECD）国家进行实证分析得出，随着新创企业的发展，其竞争活力会逐渐体现出来，生产增长率会超过在位企业。

[①] 转引自王艺霖，赵东，王爱群. 企业家精神的本质是创新[N]. 吉林日报，2018-09-28.

第四，创业通过劳动市场影响经济增长。新企业的成立增加了对劳动力的需求，从而推动了就业增加，给人们带来更多收入，给企业带来更多产出，推动经济增长。Carree 和 Thurik（2008）发现，创业率在较长时期内对就业有积极影响。Carree 等（2002）认为，如果实际创业率低于均衡创业率，市场竞争不充分，资源得不到充分利用，会阻碍经济增长；如果实际创业率高于均衡创业率，会有部分资源不能发挥出最大价值，造成资源配置失当，阻碍经济增长。劳动市场的调节修正作用使得创业率保持在均衡状态，保持经济的均衡发展。

二、追求个人发展的必然选择

1. 创业是我国面对世界百年未有之大变局的发展需要

2020 年 1 月，习近平同志在"不忘初心、牢记使命"主题教育总结大会上指出，"当今世界正经历百年未有之大变局，我国正处于实现中华民族伟大复兴关键时期"[①]。当前，中国正面临世界百年未有之大变局的冲击，且处于转变经济发展方式、优化经济结构、转换增长动力的攻关期。这既对新时代青年人的思维方式、价值取向、创业就业观念等产生诸多影响，也给思想政治教育带来严峻挑战。正如马克思在《共产党宣言》中所指出，"人们的观念、观点和概念，一句话，人们的意识，随着人们的生活条件、人们的社会关系、人们的社会存在的改变而改变"。观念是人的头脑对客观世界的能动反映。青年人的创业观作为社会观念的一部分，会随着这一变局下的新格局、新模式、新工业革命和新全球问题的出现而发生相应的深刻变化。社会发展形势成为影响当代青年人创业观的重要因素，百年未有之大变局是对国际格局巨大变迁的精准判断，渗透到社会生活的方方面面。目前我国经济进入高质量发展阶段，经济发展方式发生根本转变，经济增长速度正在"换挡"。比如：全社会吸纳的就业岗位稳中有降，甚至出现供大于求的现象；产业结构转型升级，逐步转向整体演进和可持续发展模式，专业技能与市场需求不匹配，就业市场出现结构性就业困难；等等。经济增长动能转换，只有充分地将创新创业与就业紧密结合，才能产生出新的就业需求。作为党、国家和民族当下的重要力量和未来的决定力量，青年人特别是当代大学生要积极转变创业就业观念，在危机中抓住发展新机遇，于变局中开创新局面。

2. 创业有助于缓解就业结构性矛盾

创业观对个人就业选择和成长成才有着重要影响，科学理性的创业观能够有效缓解当前较为突出的就业结构性矛盾。当前就业难是内外因共同作用造成的：国际格局变迁、经济增速变化、产业结构调整等是影响就业的外因；个人的观念转变和能力提升则是内因。毛泽东同志在《矛盾论》中指出，"我们承认总的历史发展中是物质的东西决定精神的东西，是社会的存在决定社会的意识；但是同时又承认而且必须承认精神的东西的反作用，社会意识对

[①] 习近平：在"不忘初心、牢记使命"主题教育总结大会上的讲话[EB/OL]. https://www.gov.cn/xinwen/2020-06/30/content_5522900.htm?eqid=a40ee6b6001a44c7000000026458588b, 2020-01-08.

于社会存在的反作用,上层建筑对于经济基础的反作用"[1]。思想是行动的先导,创业观是择业行为和创业实践中所体现出的认知、态度和观念。它就像一只"看不见的手",影响着人们的创业前景与人生发展轨迹。从中华人民共和国成立到进入新时代,必然会存在新旧观念的冲突,特别是由产业转型升级产生的"去产能化""去杠杆化"给青年人求职带来一定影响,使其价值取向与社会需求间存在不对称现象,造成观念性创业困难。分析当代青年人创业就业难现象,一方面是用人单位挖空心思"招不到人",另一方面是他们"有业不就"。这一现象反映出部分青年人未能正确认知第一份工作的意义。部分青年人好高骛远,就业期望值过高,非大、中城市不留,非事业单位、国有企业不进;反之,对于赴偏远地区或中小型民营企业工作,则鲜有问津。公务员报考数千人争抢一个岗位,然而却出现某些企业用工荒、传统行业招人难,甚至部分冷门专业虽是高薪却依然无人问津的局面。由于缺乏有效的正向引导和清晰的自我认知,青年人在就业时往往理性而盲目、独立而从众,在就业过程中事与愿违、南辕北辙的情况时有发生,严重扰乱和脱离了合理的就业秩序,对经济社会发展及其自身的身心健康产生了不良影响。美国学者宾客莱(Binkley)在《理想的冲突》一书中提出,"一个人除非对供他选择的种种生活方向有所了解,否则,他不能理智地委身于一种生活方式"。因此,研究创业观,能够更好地帮助青年人形成正确的就业观念并实现其人生价值。

3. 创业体现了青年人就业观的独特价值

2020年7月,习近平同志在企业家座谈会上就弘扬企业家精神提出五点希望,"企业家要带领企业战胜当前的困难,走向更辉煌的未来,就要在爱国、创新、诚信、社会责任和国际视野等方面不断提升自己"[2]。创业者要拥有企业家精神,就要把企业家精神融入创业观。创业观作为当代青年人世界观、人生观和价值观的具体反映,既是个人创业选择的理想意图与思想动机,也是创业行动的理想力量与意志根源,集中地体现了个人面对创业时所持有的价值期待、价值认同和价值取向。创业观对创业行为具有导向、激励和调控作用。当代青年人在创业过程中追求个性独立,任何人都无法直接干预其创业选择,但其创业行为可以通过就业观教育加以引导。从这个意义来看,要更好地引导、服务广大青年劳动力高质量创业,关键是要引导他们树立科学理性的创业观。比如,大学生就业一直是近年来社会关注的焦点。当前在解决大学生创业问题方面,各高校主要依托大学生就业创业指导中心开展就业创业指导教育和服务管理工作,所开设的指导课程已取得一定成效。但是,部分高校以提供创业信息服务、协助学生落实创业单位等行政工作替代了创业观教育,部分高校将全程化的创业教育演化成毕业前的应急指导和支招指导,部分高校将创业指导与教育人和培养人人为地割裂开来,未能充分发挥育人价值,创业观教育工作处于"说起来重要,忙起来不要"的尴尬境

---

[1] 毛泽东.1991.毛泽东选集(第1卷)[M].北京:人民出版社.
[2] (受权发布)习近平:在企业家座谈会上的讲话[EB/OL]. http://www.xinhuanet.com/politics/leaders/2020-07/21/c_1126267575.htm,2020-07-21.

地。毛泽东同志在《改造我们的学习》中强调，"我们要从国内外、省内外、县内外、区内外的实际情况出发，从其中引出其固有的而不是臆造的规律性，即找出周围事变的内部联系，作为我们行动的向导"。因此，我们要促进每个青年人形成与时代发展、国家需要、社会需求相统一的科学理性的创业观，为有效提升我国创业观教育的力度、广度和深度提供理论支持。

三、高校教育的一项重要任务

大学生肩负着发展壮大祖国的任务。探索大学生创业学习之道，是改进和优化高校创新创业教育、培育创新创业人才的应有之义和有效途径。2013年11月，习近平同志在给全球创业周中国站活动组委会的贺信中指出，"青年是国家和民族的希望，创新是社会进步的灵魂，创业是推动经济社会发展、改善民生的重要途径"[1]。2014年11月，教育部发布《关于做好2015年全国普通高等学校毕业生就业创业工作的通知》，明确提出"高校要建立弹性学制，允许在校学生休学创业"。2015年5月，《国务院办公厅关于深化高等学校创新创业教育改革的实施意见》提出，"到2020年建立健全课堂教学、自主学习、结合实践、指导帮扶、文化引领融为一体的高校创新创业教育体系，人才培养质量显著提升，学生的创新精神、创业意识和创新创业能力明显增强，投身创业实践的学生显著增加"。2017年2月，教育部发布《普通高等学校学生管理规定》，要求"学校应当鼓励、支持和指导学生参加社会实践、创新创业活动，可以建立创新创业档案、设置创新创业学分"。同时，该文件还指出，"对休学创业的学生，可以单独规定最长学习年限，并简化休学批准程序"。可见，大学生创业得到了国家的高度重视和大力支持。大学生作为青年的重要组成部分，积极投身创业大潮，将有助于推动科技创新和进步、以创业带动就业，从而激发出强大的社会活力，助力创新型国家战略的推进。

近些年，我国相继推出了一系列有利于大学生创业的扶持政策，举办了不同层次的创业比赛，以鼓励大学生积极参与其中。同时，国内高校创业教育获得了长足进步，各高校纷纷设立创业学院，建立了覆盖不同大学生群体的创业教育体系，为大学生创业学习营造了良好的教育环境。政府、社会、高校合作形成合力，使高校创业教育迈进了充满希望的春天。但是，当前高校创业教育的供给与大学生创业学习的需求存在匹配不够紧密的问题，主要表现为以下几个方面。

第一，高校开设的创业教育课程对大学生主体性的探讨不够。虽然近年来高校创业教育得到了空前重视，我国各高校也开始探索各具特色的创业教育模式，但是针对在校大学生如何更好地进行创业学习的探索较少。只有深入探索大学生创业学习，提出符合实际的学习方法，才能为深化和优化创业教育提供保障。高校在开设创业教育课程时应以大学生为主体。

---

[1] 习近平致2013年全球创业周中国站活动组委会贺信[EB/OL]. https://www.gov.cn/ldhd/2013-11-08/content_2524400.htm, 2013-11-08.

一是有利于教育资源的精准供给。创业教育要实现资源的精准供给，必然要以大学生为主体，关注其创业学习的整个进程，只有这样才能在关键阶段精准供给其急需的教育资源。二是有利于学生个体的快速成长。只有深入解析大学生个体的学习特点和跟踪其学习进程，才能针对其面临的主要问题展开分析，从而有力地推动其创业认知的改进和创业实践的开展。三是有利于创业教育的纵深发展。随着创业教育的持续推进，我们需要更加重视进行创业的大学生所遇到的问题。综上，高校创业教育需进行相应转变。从创业意识的培养，到新创企业的建立和成长，教学法的基础也应相应从主要基于理论转变为主要基于实践，学生的学习进程也从基于课堂的书本内容学习转变为基于真实世界的外部学习。

第二，高校创业教育与相关学习理论的融合不够。虽然当前部分高校对创业教育的体系建设、模式运行进行了深入探讨，并取得了颇为丰富的研究成果，为创业教育的开展提供了富有意义的实践指导，但是高校创业教育却很少将具体的教育模式与经典的学习理论（如行为主义、认知主义、建构主义等）直接融合，高校创业教育与教育学理论、概念和方法分离，创业教育教学对学习理论缺乏深度认知和应用。这是由创业教育领域缺乏学习理论的融入造成的，即对大学生应如何更好地应用学习理论开展创业学习尚缺乏研究。大学生创业学习是高校创业教育应关注的重要内容，融合经典学习理论的大学生创业学习，能发挥学习理论对创业学习的指引作用，对于深化高校创业教育也具有较强的现实意义。

第三，高校创业教育对大学生创业学习中所面临的困难的关注度不够。大学生在创业过程中经常遭遇一系列现实困难。一是学习迷惘。创业的各个阶段都有相应的创业学习内容，涉及创业的方方面面，要学习的内容非常广泛。但是，大学生在面对如此广博的知识时，往往不知道该怎样有序开展创业学习。比如，有些大学生虽然学习了相关的创业课程，但是仍感觉不能很好地满足自身的创业需求。二是重复摸索。作为创业的初学者，大学生在创业过程中面对困难时大多通过自身摸索来解决。有些问题是创业中普遍会遇到的问题，其他创业者已然解决，但是由于创业大学生没有及时获悉，仍在信息不对称的情况下进行艰苦的摸索，付出不必要的资源成本和时间成本。即使少数创业大学生有个别创业导师的指导和帮助，也缺乏对相关有效信息的系统性掌握。三是学历崇拜。有些高职高专大学生在创业过程中遇到创业困难或技术瓶颈，会归因于学历不高，认为只要提高学历就可能掌握更好的技术。相应的，本科学历的大学生认为可能攻读了硕士、博士学位后才能够掌握创业所需的技术。对更高学历或更优名校的崇拜影响了大学生在创业过程中的信心，进而影响其创业突破。

高校要提升创业教育的实效，就必须转向研究大学生创业学习，持续关照大学生主体。只有通过深入解析大学生创业学习的过程，融合相关学习理论，研究创业学习的范式，直面现实困境，挖掘大学生创业学习的内在潜力，促进教育资源的精准供给，才能引导大学生进行更为有效的创业学习。

第二章
创业的内涵与本质

一、创业的内涵

"创业"一词最早出现于18世纪初,法国经济学家Cantillon首次将"创业者"一词引入经济学。国内外学者对创业的定义有很多,对创业的阐释随着创业活动及其研究的深入不断丰富拓展,目前尚未形成统一的定义,但其本质内涵均与创新创造相关。Shane和Venkataraman(2000)认为,定义的问题也许是构建创业研究领域的概念框架的最大障碍。

英文单词"entrepreneurship"和"venture"两者都包含创业的含义:前者有企业家精神、企业精神的意思;后者含有冒险与风险之义。国外学者从创业者、创业行为等角度对创业进行定义。例如,Knight(1921)从创业者能力的角度出发,认为创业的本质在于创业者具备应对风险和不确定性的能力,Kirzner(1973)强调创业者的主观能动性,从创业者的心理和认知特性的角度研究创业,认为创业者应具备敏锐的创业机会识别能力;Timmons在《创业创造》(*New Venture Creation*)中对创业进行定义,认为创业是一种通过机会驱动,注重平衡方法与领导,产生、增加、实现和更新价值的一种思考和行为方式。

《现代汉语词典》(第7版)对"创业"的解释是创办事业;《辞海》将"创业"定义为开创建立基业、事业。我国学者从创业过程、创新创造的角度对创业进行了阐释。其中,较具代表性的有:郁义鸿等(2000)将创业看作一个发现和捕捉机会并由此创造出新颖的产品、服务或者实现其潜在价值的过程,这一定义获得国内学者的普遍认同;宋克勤在《创业成功学》中将创业解读为,创业者通过机会识别,整合利用资源,提供产品与服务的创造价值的过程;张玉利(2005)认为,创业不是简单地创办新企业,其本质在于把握商机,创新性地利用与整合资源,将创业者的创新能力与商机有机结合进而创造价值的行为过程。也有一些学者将创业划分为广义的创业与狭义的创业:狭义的创业仅指创办新企业;广义的创业则包含开辟新的事业,创造新的产品、服务等。

此外,从创业主体来看,创业可以看作个人或群体创办企业,并以自我雇佣或者某种新型的企业组织形式,进行新型企业的建立以及新风险的尝试,这个过程更加强调创业者的作用。早期学者Gilad和Levine(1986)认为,创业的本质在于创业者所具有的首创精神,以及抓住有利机会的能力,创业应更多地体现出创业者所具备的比其他人更聪明、更懂得如何努力工作的能力。Shrader 和 Siegel（2007）研究了成功创业者的人格特质，同样指出成功的创业者往往在把握创业机会、感知市场变化方面有着更强的能力。Shane 和 Venkataraman（2000）除了认同创业者是一个对创业机会较为敏感、懂得评价和把握的人之外，还进一步指出，在创业过程中创业者的知识技能、社会关系也随着创业进程的展开而逐渐得到提升。国内学者窦大海和罗瑾琏（2011）则认为，创业行为的产生是受到创业者动机驱动的，需要创业者寻找、评估和利用机会，进而将创业机会转化为所需的产品或服务。

从创业过程来看，创业的"源头"是机会驱动，并且整个过程可以概括为追求机会。Gartner（1988）将创业定义为新的组织关系建立以及新业务进程的展开，新产品或新服务被确认、被创造、被开发，最终产生新财富，其核心在于超越既有资源限制而对机会的追求。Shane 和 Venkataraman（2000）则进一步指出，创业是一个认知市场机会并由此组成新的资源方式来把握这些机会的过程。国内学者张玉利等（2022）认为，创业活动是一种由市场主导并推动的行为过程，它以创业机会为基础，同时是在现有资源缺少的情况下追求契机和高度综合管理的过程。概括而言：创业过程由机会发现、机会评价、机会利用以及创业结果组成；在创业过程中，创业团队是核心要素；创业过程受到社会或环境因素的影响；创业可以在新创企业中发生，也可以在已创建的企业中发生。

综上，我们可将创业定义为：创业是一种需要捕捉和利用机会开创新事业的创造性活动，是商业行为者在特定的创业环境中认知机会、识别机会并运用机会、灵活组织资源、构建新群体或拓展新业务的过程，本质上是创业者为实现价值或创造利益的一种高风险创新性行为方式。根据上述关于创业的定义可知，创业具有以下特质：①创业是一个过程，而不是一个事件；②机会追求是创业的必备要素。

根据上述定义，下文将从"创业知识"和"创业学习"两个角度对创业的内容进行讨论。

1. 创业知识

相比其他知识，创业知识的特殊性在于，创业知识是能深化创业者的创业认知，或推动其创业行动，或采取创新方式方法增强创业绩效的知识。从功能主义视角来看，创业知识是关于如何认知创业、改进创业的知识。从知识的来源视角来看，创业知识是由创业经验、其他知识、原有创业知识等演变而来的，与技术知识、一般知识在一定条件下能够相互转化。

2. 创业学习

对于创业学习的内涵，Mitchel 等（2007）认为，创业学习是创业者利用所掌握的知识结构进行认知和决策的过程，其实质是对过往事件和已有知识的回顾、归纳和反思，是一种通过积累创业经验高效处理信息的学习。单标安等（2014）将创业学习划分为经验学习、认知学习和实践学习，并验证了创业者经验的转化，观察、模仿他人行为，以及亲身实践行为都是获取知识的途径。创业学习作为创业者获取、分享和利用知识的过程，能够帮助新创企业发现和识别创业机会，进而实现机会和资源的有效匹配（创业机会开发）。创业学习与传统组织学习的不同之处就在于，创业学习是为了获取创业知识、识别和构建创业机会而开展的学习活动。相对于整个创业过程而言，创业者所拥有的创业知识是较为有限的，必须持续地更新创业知识以应对发展初期的各种问题。

二、创业活动分类

创业活动的划分并不是一个纯粹的理论问题，而是研究者们为了更好地开展创业研究所选择的一个研究背景。如果学者们仅仅基于自身的研究目的而随意划分出创业类型，那么整体的创业研究类型将会不系统、不规范。因此，系统地划分创业类型是开展后续创业研究的基础。关于创业类型划分的原则有四点。①理论逻辑性。创业类型的划分应该基于经典创业理论模型，达到一种科学研究的逻辑合理程度。②实践可操作性。创业类型的划分不宜过于抽象，过于理论化的界定无法适应创业研究这一实用性研究领域。③系统完整性。完整性的界定是有一定前提的，在某个研究领域内，创业类型的划分必须是完整清晰的，不应存在划分标准以外的其他类型。④可拓展性。在某个研究方向内的创业类型划分需要系统、完整。不过，随着创业研究的深入，学者们对创业活动的认识逐渐深刻，可能在原有划分标准的基础上提出新的划分方式。

创业过程始于创业者的创业动机，当创业者形成一定想法、识别出若干商业机会后，会进一步采取相应的企业战略来整合、利用资源，进而抓住商业机会并创建企业。根据已有研究可知，目前国外学者从创业动机、创业资源、创业者、创业战略、创业结果等角度对创业类型进行了划分。这些划分方式依据的要素往往决定了创业活动的开展方式和性质，无形中构成了创业的基本过程。

1. 基于创业动机的分类

有些学者从创业动机的角度，将创业划分为推动型创业与拉动型创业。推动型创业是指创业者对当前的现状不满，并受到了一些非创业者特征因素的推动而从事创业的行为。拉动型创业是指创业者在"新创一个企业的想法"以及"开始一个新企业活动"的吸引下，由于创业者自身的个人特质和商业机会本身的吸引而产生的创业行为。

生存型创业和机会型创业的概念建立在前人对推动型创业和拉动型创业的研究基础上。生存型创业就是那些因没有其他就业选择或对其他就业选择不满意而进行创业的活动；机会型创业是指那些为了抓住某个商业机会而进行创业的活动。

2. 基于创业资源的分类

芝加哥大学教授 Bhide（2000）曾在哈佛商学院讲授创业课程。为了制定出清晰的教学计划，1996 年他带领学生对进入美国 Inc.500 强企业[①]进行了深入调查，并于 2000 年出版了专著《新企业的起源与演进》(*The Origin and Evolution of New Businesses*)。Bhide 强调，创业并不单纯指企业家或创业团队创建新企业的行为，大企业同样有创业行为。Bhide 将原创

---

① 《Inc.》杂志评选出的成长速度最快的 500 家企业。

性创业划分为五种类型,即边缘企业(marginal businesses)、冒险型创业(promising start-ups)、与风险投资融合的创业(VC-backed start-ups)、企业内部创业(internal corporate entrepreneurship)和革命性创业(revolutionary start-ups)[①]。同时,Bhide 运用经济学的基本常识,结合大量的实际调查资料,对不同类型的创业活动进行了深入而形象的对比,如表 2-1 所示。

表 2-1　不同创业类型的对比

因素	冒险型创业	与风险投资融合的创业	企业内部创业	革命性创业
创业的有利因素	创业机会成本低;技术进步等因素使得创业机会增多	有竞争力的管理团队;有清晰的创业计划	拥有大量的资金;创新绩效直接影响晋升;市场调研能力强;对 R&D[②] 的大量投资	无与伦比的创业计划;财富与创业精神集于一身
创业的不利因素	缺乏信用,难以从外部筹措资金,缺乏技术管理和创业经验	尽力避免不确定性,追求短期快速成长,市场机会有限,受资源的限制	企业的控制系统不鼓励创新精神,缺乏对不确定性机会的识别和把握能力	大量的资金需求和大量的前期投资
获取资源	固定成本低,竞争不是很激烈	个人的信誉;股票及多样化的激励措施	良好的信誉和承诺,资源提供者的转移成本低	富有野心的创业计划
吸引顾客的途径	上门销售和服务以了解顾客的真正需求,据此全力满足顾客需要	目标市场清晰	所建立的信誉、广告宣传及关于质量服务等方面的承诺	集中全力吸引少数的大顾客
成功的基本因素	企业家及其团队的智慧	企业家团队制订创业计划和专业化的管理能力	组织能力强、具有跨部门的协调能力、具有团队精神	创业者的超强能力,能够确保创业计划的成功实施
创业的特点	关注不确定性程度高,但投资需求少的市场机会	关注不确定性程度低、广阔而且发展快速的市场和新的产品或技术	关注少量的、经过认真评估的、有丰厚利润的市场机会,回避不确定性程度高的市场利基	技术或生产经营过程方面实现巨大创新,向顾客提供超额价值的产品或服务

注：Bhide 在表中未提及边缘企业。

资料来源：Bhide A. 2000. The Origin and Evolution of New Businesses[M]. Oxford: Oxford University Press.

3. 基于创业者的分类

Smith(1967)根据样本调查数据的分析结果,将创业类型划分为工匠型创业(craftsman entrepreneurship)和机会型创业(opportunistic entrepreneurship)。他认为,工匠型创业中,创业者在处理社会环境问题时的能力较弱,且在时间导向上会受到制约;而机会型创业中,创业者的受教育和培训的程度较高,社会感知能力较强,对未来的定位较高。

Smith 和 Miner(1983)认为,不同类型的创业者所建立的新企业类型是不同的,且后续的企业管理方式也是不同的。根据创业活动主体的差异,创业活动可分为个体创业和公司

---

① 阿玛尔·毕海德. 2004. 新企业的起源与演进[M]. 魏如山,马志英译. 北京：中国人民大学出版社.
② R&D 是指科学研究与试验发展(research and development)。

创业。个体创业主要指与原有组织实体不相关的个体或团队的创业行为；公司创业主要指由已有组织发起的组织内部的创造、更新与创新活动。Morris 和 Kuratko（2022）对个体创业和公司创业作了较为深入的比较：虽然公司创业和个体创业在创业本质上有许多共同点，但是由于起初的资源禀赋、组织形态、战略目标不同，因此在创业风险承担、成果收获、创业环境、创业成长等方面有很大差异。两者的主要差异点见表2-2。Agarwal（2004）将创业类型划分为以下五种。①机会型创业，即由经济利益上的预期而驱动的创业行为。②推动型创业，即由生存动机驱使的创业行为。③管理型创业，即拥有很高的领导权、管理权，为了获得经济回报而进行的创业。④新工匠型创业，即具有独立工作的较高需求，同时希望从事实现生产产品或提供服务的工作。⑤想法驱动机会型，即由想法驱动创业与机会驱动创业混合而成的创业类型。

表2-2 个体创业和公司创业的主要差异点

个体创业	公司创业
创业者承担风险	公司承担风险，而不是与个体相关的生涯风险
创业者拥有商业概念	公司拥有概念，特别是与商业概念有关的知识产权
创业者拥有全部或大部分事业	创业者或许拥有公司的全部权益，也可能只是很小一部分
就理论上而言，对创业者的潜在回报是无限的	在公司内，创业者所能获得的潜在回报是有限的
个体的一次失误可能意味着生涯失败	公司具有更大的容错空间，能够容纳失败
受外部环境波动的影响较大	受外部环境波动的影响较小
创业者具有相对独立性	公司内部的创业者更多地受到团队的牵制
在过程、试验和方向的改变上具有灵活性	公司内部的规则、程序和组织架构会阻碍创业者的策略调整
决策迅速	决策周期长
低保障	高保障
缺乏安全网	有一系列安全网
在创业决策问题上，可以沟通的人少	在创业决策问题上，可以沟通的人多
至少在初期阶段，存在有限的规模经济和范围经济	能够很快地达到规模经济和范围经济
严重的资源局限性	在各种资源的占有上有一定优势

资料来源：Morris M H, Kuratko D F. 2022. Corporate Entrepreneurship：Entrepreneurial Development within Organizations[M]. New York：Harcourt College Publishers.

4. 基于创业战略的分类

Robbie 和 Wright（1995）在工匠型创业与机会型创业的划分基础上，进一步基于创业形式把创业活动划分为买断型和部分补偿型。有些学者从创业者早期战略导向的角度展开研究，在认知层面将创业者分为三种类型——技术分裂型创业者（the disruptive technology entrepreneur, DTE)、市场共享型创业者（market share building entrepreneur, MSB）和低效市场型创业者（market inefficiency entrepreneur, MIE）。有些研究者将创业划分为两种类型：①套利型创业，即通过低买高卖获取利润的创业活动；②创新型创业，包括 Smith 的研究中提出的利用新商业机会的创业活动，以及 Schumpeter 的研究中提出的基于低成本或新技术开发的创业活动。

5. 基于创业结果的分类

Davidsson 和 Wiklund（2001）基于创业结果在组织层面和社会层面的产出，将创业划分为失败创业、催化剂式创业、重新分配式创业和成功创业等。组织层面和社会层面的创业结果都是负向的创业属于失败创业，如破产的污染企业就属于此类。组织层面的创业结果为负向但社会层面的创业结果为正向的创业属于催化剂式创业。例如，万燕 VCD 的创业虽然失败了，但是却催化出一个巨大的新兴产业。组织层面的创业结果为正向但社会层面的创业结果为负向的创业属于重新分配式创业，如目前国内钢铁行业存在一定程度低水平重复建设的情况。组织层面和社会层面的创业结果都为正向的创业属于成功创业，如星巴克开创了一种全新的休闲方式，戴尔带来了一种全新的经营模式等都属于成功创业。这些创业取得了企业、消费者和社会层面等的多赢效果。社会应该鼓励成功创业，更需鼓励催化剂式创业，但重新分配式创业不可避免。

Carter 等（1996）从创业结果的角度对创业进行了分类。①成立企业的创业。这类创业活动体现为初始创业者通过把握、利用机会成立企业内创业实体。②放弃型创业。这类创业活动体现为创业者虽然发现并利用了商业机会，但是在开发利用机会的过程中受众多因素影响导致没有能力成立企业，最终放弃此次商业机会。③继续尝试型创业。这类创业活动体现为创业者在上一次创业过程中没有成功，但仍然保持着继续创业的意愿和行为。这种创业类型最终会转化为成功创业或放弃型创业。

从图 2-1 可看出，学者们对创业类型的划分基本上基于创业过程的某个关键要素。这些划分方式从理论层面提出了庞大而复杂的创业研究的若干基本出发点，需要我们在此基础上将这些基本的创业类型进一步细化。

三、创业理论

1. 创业机会理论

创业研究是一个被长期关注的研究领域，其核心问题经历了由曾经的"谁是创业者"到现在的"什么是创业机会"这样的变化。创业者作为主体，在实现成功创业方面的经验和原因被学界日益重视，而把握创业机会成为创业成功的关键。换句话说，影响创业成功的重要因素是创业者能否认知、了解和抓住创业机会。不仅如此，创业活动的起始阶段往往是创业机会识别，这个阶段对于大部分新创企业的发展方向都会产生重要影响。

Stevenson 和 Jarrillo（1990）认为，创业机会识别可以创造独特的社会价值，创业者应

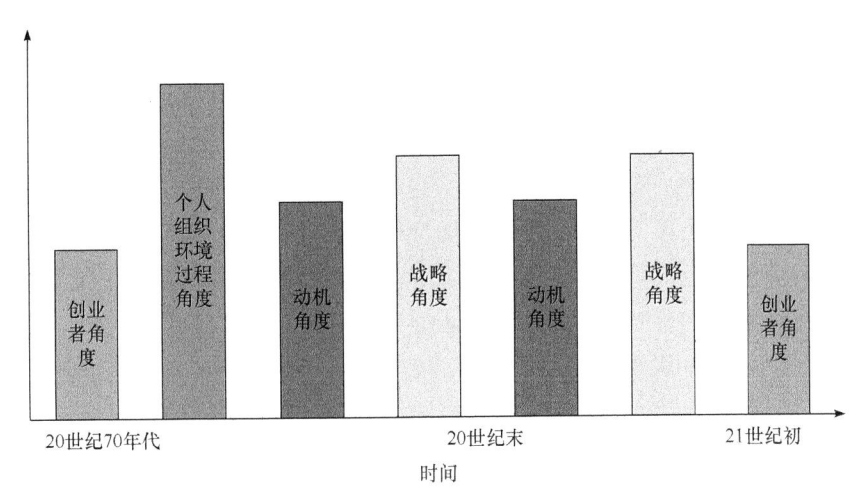

图 2-1　基于创业过程的创业类型划分角度

具备整合创业周边资源的能力。Ardichvili 等（2003）认为，创业机会的识别是创业者个体整合创业的有关想法和资源的过程，整个识别过程包括发现机会、鉴别机会、评价机会等一系列活动。机会学派由此诞生。机会学派的大多数学者从两个角度研究创业——存在有利可图的机会和存在有进取心的个人，并多围绕三类问题展开研究：一是何时存在提供商品制造和服务的机会，以及存在原因和存在方式是什么；二是何时有人能够认知并利用这些机会，以及其中的原因和利用方式是什么；三是何时采取不同的行动利用机会，以及其中的原因和运用方式是什么。

在创业机会识别的影响因素方面：Ardichvili 等（2003）认为，影响因素有多种，包括信息不对称与先验知识、SNS[①]社交平台、个人性格特征和创业警觉等；Shane（2000）发现，先前拥有深厚知识信息背景的创业者与技术创新有着独特的互动关系，后者强烈影响前者，且有助于创业者快速识别和把握市场机会。

此外，创业机会识别研究的角度还包括创业机会识别途径、创业机会识别模型等。总的来说，创业机会识别研究具有系统性，因为创业机会识别过程需要系统地发掘与整理。目前我国的机会型创业逐渐成为主要创业形态，因此创业机会识别过程研究有着很强的现实意义。

2. 创业认知理论

近年来，学界开始认识到创业者的认知行为和决策行为对创业的重要性，在关注其创业行为方式的基础上，探索形成创业者行为模式的深层次原因及其机制。创业认知理论是在多种学科影响下生成的一种理论，结合了管理学、心理学、社会学等相关学科的理论，强调从个体主观能动性和环境影响因素两个角度来分析创业活动问题，从而更好地探析活动中相对应的内部和外部影响因素。同时，该理论认为成功创业的主要原因是创业者自身具有更加完备的创业知识结构。

---

① SNS 是指 social networking services，即社会性网络服务。

创业认知理论的发展经历了三个阶段。第一阶段（20世纪70年代至90年代），早期创业认知研究集中于探索创业意图成因，认为创业意图形成是个体与环境互动条件下主观认知诱发的结果。比如，Busenitz和Lau（1996）认为，意图形成是一系列独特认知因素组合的结果，包括成功概率感知、更强的行为控制力以及主观推断等。第二阶段（20世纪90年代至20世纪末），Allinson和Hayes（1996）及Mitchell等（2005）针对创业者和管理者的调查研究发现，创业者比管理者表现出更多的直觉型思维。第三阶段（20世纪末至今），关注认知、决策、行为三者之间的内在联系，进而融合创业者的外显化特征，将心理学概念引入创业情境，形成了"情境—思维—行为"的研究框架和创业认知学派。创业认知研究者Mitchell等（2007）将创业认知定义为，人们在对机会评价、企业创立和成长等事项进行评估和决策时所使用的知识结构。"创业认知"是一个复合词，因此需要从认知层面和创业层面两个维度理解创业认知概念。创业认知的影响因素通常有两大类：制度环境，包括国家的法律法规、不同时期的政策方针以及相应的创业环境等；自我因素，包括创业过程中的自我效度、创业者先前的知识经验等。

总体来讲，创业认知理论主要从创业者个体出发，进而发散至整个创业过程。可以看出，创业认知不仅对创业者的种种行为产生重要影响，而且在创业活动的机会识别和风险决策等环节中具有突出的"指南针"作用。随着我国"双创"战略的深入实施，如何运用创业认知理论更好地引导创业者分析市场信息、把握创业机会等都面临着新的挑战。

3. 创业情境理论

"情境"一词源自拉丁语，意为"编排到一起"或"形成联系"。Polanyi、Parsons等都在自己的经典著作中使用过"情境"一词。20世纪90年代以来，"情境"成为组织研究中的重要概念之一，并逐渐被用于阐释企业战略、人力资源管理等问题。在创业研究领域，创业情境研究始于Spilling、Aldrich和Martinez的探索。但是，他们依然混淆了创业中的情境与创业中的环境。Welter（2011）就指出，创业情境是存在于新创企业外部的，具有促进或制约作用的形势、条件或境况，生成创业机会的同时也设定了创业者行为的边界。创业情境不但强调区域层面不同要素对创业活动的影响作用，而且更加关注要素之间的动态复杂关系。除了总括性地阐释创业情境概念以外，国内外学者还考察了创业活动所涉及的不同具体情境。这些情境大致可分为三大类，即制度情境、文化情境和经济情境，主要代表性观点如表2-3所示。

表2-3 创业情境理论的主要观点

创业情境	主要观点
制度情境	创业可以专门针对正式的制度情境，通过制度创业改变现有体制框架，目标明确的创业行动可以带来制度变革
	创业在某种程度上取决于社会的制度、秩序，如法律体系、社会规范性制度等
	创业发生在由制度规范塑造的市场中，需与相关的法律、法规和惯例相适应

续表

创业情境	主要观点
文化情境	不同国家之间存在着一定的文化差异，如文化价值观、文化规范、文化语境会有所不同，从而造成创业导向、风险投资活动发展水平等的差异
	创业教育会对个人创业意图和态度等产生影响
	组织文化、创业文化氛围等会影响管理思维、创新思维等
经济情境	区域经济形势，如经济一体化、经济衰退将对创业活动的开展产生重要影响
	市场的不确定性、市场摩擦等影响创业活动的开展，在不同的经济情境下，创业主体应该采取相应的战略、采取相应的行动

4. 创业周期理论

早在 20 世纪 80 年代创业周期理论就被提出。1982 年 Galbraith 提出将企业创业周期分为四个阶段[1]：①原理证明（proof-of-principle）阶段，在这个阶段主要是企业家产生一个想法并对自有技术进行研发；②原型（protype）阶段，在这个阶段主要是企业家将技术转化成产品原型；③样品试销（model shop）阶段，在这个阶段一定数量的产品被生产出来并试销；④起始（start-up）阶段，在这个阶段产品被生产出来且公司开始正式销售。Katz 和 Gartner（1988）在 Galbraith 的研究基础上又提出了企业创生（creation）[2]过程的四个阶段性特征[3]，分别是：①有意识地收集组织建立所需要的信息；②努力建立组织边界，使创业企业在周围环境中突出出来，如形成法人组织、建立管理条例、购置办公场所和设施等；③获取组织运作所需资金；④与供应商、顾客进行交换，建立最初的商品或劳务供给。1989 年 Angel 和 Poole 等提出，应从三个方面研究企业创生过程[4]：①商业构想是怎样产生的；②第一次生产和销售具有差异性的竞争产品的时机和方法；③在组织和企业层面销售具有差异性的竞争产品并扩大其影响的时机和方法。Bhave（1994）通过案例研究把企业创生分成三个阶段，即概念阶段（definition of business concept）、产品技术的产生和建立阶段以及产品交换阶段。Parker[5]认为，新企业生命周期是指新企业演化的一系列阶段，包括创业者的意图或行动（起始阶段）、企业作为一个新组织的创立阶段等。这一过程伴随着必要的财务资源及非财务资源的获取。新企业发展过程终止于企业被迫退出或创业者有意停止。随着企业的发展，企业的所有者会进一步采取措施以保持绩效。

此外，Reynolds 从仿生学的角度将新企业的创生过程划分为四个阶段[6]，即概念阶段、

---

[1] 转引自姚梅芳. 2007. 基于经典创业模型的生存型创业理论研究[D]. 长春：吉林大学.
[2] 企业的创生过程指当创业者创立新企业时出现的一系列事件与活动。
[3] 转引自姚梅芳. 2007. 基于经典创业模型的生存型创业理论研究[D]. 长春：吉林大学.
[4] 转引自姚梅芳. 2007. 基于经典创业模型的生存型创业理论研究[D]. 长春：吉林大学.
[5] 转引自姚梅芳. 2007. 基于经典创业模型的生存型创业理论研究[D]. 长春：吉林大学.
[6] 转引自姚梅芳. 2007. 基于经典创业模型的生存型创业理论研究[D]. 长春：吉林大学.

孕育阶段、婴儿期及青春期。Beattie（1999）认为，新企业的创生源于孕育阶段，即从学习到诱发事件产生的阶段；接着是机会发现到构想的产生阶段；然后是准备阶段、孵化阶段到企业创立。Davidsson 和 Honig（2003）认为，创业过程包括机会发现和机会开发两个阶段，机会发现包括最初发现、机会提炼、市场开发等阶段，机会开发包括资源获取、新资源重整、新老资源整合等阶段。Price（2004）在借鉴相关理论研究的基础上，提出了"创业生命周期"的概念。他认为，创业企业的生命周期应该经历机会识别、机会聚焦、资源整合、市场进入、快速成长、成熟壮大以及退出阶段，在每个阶段创业者所面对的企业的内部和外部环境都有所不同。Lichtenstein 等（2006）认为，创业过程包括机会识别、组织生成与演化、新企业的成长等阶段。

国内学者也对创业周期进行了一定的研究。比如，雷家骕（2005）将新创企业的成长分为初创期、学习调整期、快速发展期和相对稳定期四个阶段。姜彦福和张帏（2005）认为，创业生命周期分为种子期、初创期、发展期和成熟期。张玉利和李新春（2006）认为，企业创业过程包括创业动机的产生、识别创业机会、整合资源、创建新企业或新事业、管理新企业或新事业的成长与发展、收获回报等阶段。

从目前学者的研究来看，创业过程可分为广义创业过程和狭义创业过程。广义创业过程往往涵盖了新企业的整个生命周期，通常包括从最初对一项有市场价值的商业机会有最初构思到建立新创企业，以及新创企业的成长管理过程。狭义创业过程往往仅指新企业的创建过程，相应的英文术语包括 organizational emergence、the preorganization、the organization in-vitro、pre-launch、gestation 等。一般来说，新企业创建过程包括企业创建的一系列事件，以及影响企业创建的一系列因素等。目前我们讲的创业过程常指广义创业过程，即除了包括新企业创建过程以外，还包括新企业的初创和成长过程，对应的英文术语分别是 start-up 和 growth。因为创业活动具有其特殊性，与一般的企业管理活动有较大差异，创业者与一般企业管理者遇到的问题也有所不同，所以研究人员往往更注重从新创企业成长的角度分析创业过程。

笔者重点关注新企业创建阶段、过渡阶段和快速成长阶段，其中新企业创建阶段包含机会识别和机会开发两个阶段。新企业创建阶段是准（pre-firm）企业建立阶段，可以说新企业的创建显然是创业过程的重要阶段。企业过渡阶段对应的是初创的前期，用 survival（生存）表示比较确切。因为新企业创建之后，往往要经过一个相对困难的时期才能获得比较稳定的收入，所以在这一阶段主要解决企业的基本生存问题，如果企业不能成功度过这一阶段，就无法为后续成长作准备。因此，过渡阶段也是企业创立过程中的一个关键阶段，很多新企业在这一阶段就夭折了。企业快速成长阶段是指新企业在解决生存问题之后进入的全面发展阶段。在这一阶段，随着规模的扩大，企业会面临许多新的问题。对这一阶段进行深入研究对于创业企业具有重要意义。

5. 资源基础理论

资源基础理论源于 20 世纪 80 年代对企业竞争优势的获得和保持的研究，可以追溯到 Marshall 所提倡的企业内部成长观点。该观点认为，专业化分工导致企业内部出现新的协调问题——技能、知识的协调难度不断增大，从而产生新的内部职能部门，知识积累在企业内部伴随生产进程的推进而实现，从而推动企业不断进步。同时，每个行业都是由一系列异质企业组成的，单个企业的成长、衰退是经常性的，但一个行业则可以经受长期的波动而平稳地向前发展。

后马歇尔主义者的代表人物之一 Penrose 提出了企业内在成长理论，这一理论进一步发展了马歇尔"内部经济"的思想。她认为：被新古典企业理论视作"黑箱"的企业资源是构成企业经济效益的稳固基础；企业是一个生产型资源的集合体，企业内部存在着通过知识积累拓展生产领域的机制，而且这种知识积累是一种内部化的结果，节约了企业稀缺的决策能力资源，使新的管理者释放出解决新问题、促使企业成长的能量。Richardson（1972）补充了 Coase 和 Williamson 关于市场与企业相互替代的交易费用理论，同时又发展了企业内在成长理论。他认为，企业的合作关系之所以成为一种非常重要的产业组织方式，是因为企业的内部组织从根本上说是协调"互补性活动"的结果。合作性协调能力的基本内涵是协调企业各方的能力。组织间协调是介于市场与企业之间的第三种协调机制，协调需要的专门能力是通过逐渐学习积累的（安景玲等，2003）。

资源基础理论认为，企业是资源与能力的集合体，这些资源与能力是企业建立持续竞争优势的基础。企业资源既包括物质资源这样的有形资源，也包括技术、声誉、文化资源以及人力资源（如特殊技术与知识）这样的无形资源。资源基础观的基本前提是：一个健全的企业战略应以企业资源、竞争力与能力为基础，形成超过对手的竞争优势。因为没有哪个企业总是拥有所有必需的资源、能力与竞争力，因此希望拥有独特的、不可模仿的资源的企业会寻求与拥有这种资源的其他企业建立合作伙伴关系。

知识创造与学习理论是资源基础理论的衍生，该理论强调企业的知识创造能力。企业可以通过复制或创新来形成一定的竞争力和相应的知识基础——无论是复制还是创新都涉及重新学习过程，企业在这个过程中获得新技术。日本学者 Nonaka（1995）指出，保持竞争优势的真正源泉是知识，并对隐性知识与显性知识作了区分。显性知识指正常或系统的知识，易以产品说明书、科学公式或计算机程序的形式交流和分享；隐性知识深深根植于具体行业内的行动与个人之中——能工巧匠、信念以及没有指南和程序的诀窍等。从一定意义上来说，组织的知识创造是一个从隐性到显性的连续、动态的过程。这种知识运行模式如下：新知识总是从个体开始，当个体学会隐性知识后，通过跨科室、跨部门、跨组织的交互交流而实现知识积累。Wernerfelt（1984）认为，企业内部资源是企业获取竞争优势的关键，企业内部的组织能力、资源和知识的积累是企业获取超额收益和保持竞争优势的关键。Barney（1991）进一步探讨了赢得企业竞争优势的战略资源的特性——价值性、稀缺性、不完全模仿和不可替代性。Rumelt（1991）认为，独特资源之所以能为企业赢得竞争优势，主要是因为特殊资源产生了一种隔离机制，使其他企业难以模仿和难以替代，正是这种隔离机制的存在，保证了企业获取超额利润和竞争优势。Derickx 和 Cool（1989）也提出了企业内各种资产的整合是企业建立持续竞争优势的关键的观点，指出并非所有的要素都可以在公开市场上交易，如产权未明确界定的资源、声誉、信任及高度专有性的资产等就不能。

综上，在资源基础理论的视角下，企业要保持竞争优势必须以资源为基础，而技术、声誉、文化资源以及人力资源等无形资源更是企业必备的资源。按照资源基础理论的要求，企业为了以较低的成本获取创新资源（如信息、技术等），就会与相应的企业进行合作，促进知识的溢出和转移，从而提高局部区域内整体的绩效。因此，资源基础理论也是研究企业创业的一种重要的基础理论。

与资源基础理论相关的理论还有资源依赖理论（resource dependence theory），早期的代表学者包括 Zald、Thompson 等。Pfeffer 和 Salancik（1978）的《组织的外部控制：对组织资源依赖的分析》（*The External Control of Organizations: A Resource Dependence Perspective*）一书是资源依赖理论的主要代表作。资源依赖理论是将组织赖以生存的资源作为变量，通过分析组织与外界环境间的资源交换及能量流动，研究组织的运作行为。资源依赖理论认为，开放系统中的组织具有以下特性：无法孤立运转，内部无法产生所需的所有资源，为了生存必须从环境中的其他组织获取必要的资源。由此，资源的缺乏带来了组织对其他组织的需求。解决这一资源矛盾的最好方法，就是组织在考虑边际效益的基础上利用资源互补来实现组织间的交易，其核心假设是组织需要通过获取环境中的资源来维持生存。开放系统理论为组织面向环境讨论问题提供了一个前提：没有组织是自给的，都要与环境进行交换。其理论观点有：组织间的资源依赖产生了其他组织对特定组织的外部控制，并影响了组织内部的权力安排；外部限制和内部的权力结构构成组织行为的前提条件，并产生了组织为了摆脱外部依赖、维持组织自组织的行为。总体来说，资源依赖理论的一个鲜明特点是，通过分析组织怎样以合并、联合、游说或治理等方法改变环境，说明组织不再是为需要去适应环境的行动者，而要让环境来适应自身。在交换中，环境为组织提供关键性资源——这是组织得以运作的前提。因此，组织对环境的依赖程度取决于资源的稀缺性与重要性。能否获得必要的资源以及这种资源在组织间的分配状况是组织生存的重要条件。

资源依赖理论的重要意义在于使人们认识到组织可采用多种战略改变自己以适应环境，其缺点在于仅从资源这一单一角度分析复杂的组织行为，缺乏充分的解释力。Pfeffer 和 Salancik（1978）认为，组织的生存有赖于其获得和保持良好的关系与资源的能力，与关键资源的提供者保持良好的关系是组织存在的关键，这为公司必须考虑利益相关者的利益奠定了坚实的基础。同时，利益相关者对组织影响或控制的程度取决于所提供资源的价值——如果这种资源具有更大的价值，那么其提供者就拥有更大的影响或控制力。也就是说，资源依赖程度决定了利益相关者在组织中的地位。

四、创业研究概述

创业现象分析始于 18 世纪中期。哈佛商学院成立创业研究小组，试图从企业发展的角度分析创业活动。20 世纪 80 年代以前，创业研究主要在经济学领域开展，聚焦创业者本身，旨在揭示创业者的禀赋或特质对其创业行为的影响。McClelland、Collins、Brockhaus 等学者形成了创业研究的特质论流派，深入探究了成功创业者的独特品质，发现创业者的人格特质或天赋能决定其创业成功与否。

20 世纪 80 年代，创业机会、创业行为和创业组织等被纳入创业研究范畴，丰富了创业研究体系。创业研究开始蓬勃发展，并从关注创业者转向关注创业全过程。关于创业过程，国外学者提出了创业机会识别的四阶段、三阶段和五阶段模型。例如，Shane 和 Venkataraman（2000）将创业机会识别划分为来源、获取、评估和开发四个阶段；Ardichvili 等（2003）将机会识别过程分为获取、评估和开发三个阶段；等等。Ardichvili 等（2003）分析了创业警觉性在创业机会识别中的重要作用，并探究了创业警觉性与个性特质、社会网络之间的作用机制。Venkataraman 等都对创业机会识别、创业行为及相关关系作了有益的探索，揭示了机会识别在创业过程中的重要地位，即机会识别对创业行为有积极的引导作用。

国内有学者聚焦创业机会识别研究。例如，张玉利（2011）就如何识别创业机会作了系统性阐述；张红和葛宝山（2014）基于案例分析研究创业学习与机会识别的作用机理；刘宁娜和张秀娥（2018）深入探究了创业意愿、创业机会识别与创业行为三者之间的关系。有学者致力于创业行为研究。例如，张玉利和杨俊（2003）对企业家的创业行为进行了理论分析与实证研究，基于企业家资源禀赋分析其创业行为；宁德鹏和葛宝山（2017）等针对高校学生群体展开创业行为研究，试图寻找影响大学生创业行为的因素。有些学者基于中国创业实践，不断丰富和发展创业理论，针对大学生创业、农民创业和返乡创业等展开研究。例如，张秀娥和方卓（2015）探究了大学生创业行为的影响因素；张秀娥和张宝文（2017）力求通过全球能源监测（global energy monitor，GEM）生态系统构建大学生创业机制；罗明忠和罗琦（2016）对农民创业的资源和家庭禀赋、外部环境作了深入探讨。

近些年，学界对创业认知的关注度逐渐提升，很多学者从认知心理学的视角分析创业行为的影响因素，创业研究的主题正在从创业过程转向创业认知。杨俊等（2015）明确指出，这与 20 世纪 80 年代创业研究从创业者特质转向创业过程相似，是学界对创业本质认识的深化并进一步贴近创业实践的结果。国外学者对创业认知的研究多基于认知心理学探讨创业者的认知差异，分析创业意愿、机会识别、创业行为等与创业认知之间的关系。Ajzen（1991）的计划行为理论指出，创业认知是创业意愿产生的前提；Ucbasaran 和 Westhead（2001）的研究表明，创业过程与个体的知识、能力和机会认知等均紧密相关；Bird 等（2012）发现，创业行为受到认知的影响，因而行为表象背后的认知成因更值得关注并深入探究；Krueger（2007）发现，个体的创业意愿源自深层次的认知结构。国内学者主要围绕创业认知与创业意愿、创业倾向和创业行为等之间的作用机理展开探索。徐小洲和叶映华（2010）以大学生为对象，采用实验法将大学生创业认知的影响因素归结为创业自我效能、外在评价感知和他人评价，提出大学生创业认知的调整策略。张秀娥等（2012）探究了文化价值观、创业认知与创业决策三者之间的关系，发现文化价值观对创业认知有正向的影响作用，而创业认知对创业决策的制定也产生正向影响，创业认知对文化价值观和创业决策起中介作用。郝喜玲和张玉利（2016）则基于认知视角，深入探究创业者的思维、认知以及决策过程，分析创业失败行为背后的认知成因及内在机制。

综合上述学者对创业的研究可知，创业研究的主题与方向大致经历了"创业者—创业过程—创业认知"的转变过程，体现出学界对创业本质认识的不断深化。不过，当前创业研究中较缺乏对创业认知及其相关内容的深层次探索。尽管已有部分学者关注到创业认知并展开理论与实践探索，但后续研究往往停留于探讨知行关系和影响因素，并未重视对创业者认知过程的整体把握。加之率先开展创业活动的西方国家实践与研究经验丰富，已有的国内研究主要应用国外创业理论和模型展开研究设计并进行探讨和检验，而结合我国创业实际的独特性、针对性和创新性研究有待进一步提升。

第三章
创业过程分析

一、创业过程的概念与特征

（一）创业过程的概念

20世纪80年代开始，以创业过程为视角的研究逐渐兴起。在创业过程成为创业研究的焦点之后，学术界一直致力于探索和提炼创业过程中的关键要素和规律，并取得了较好的研究进展。总的来说，新企业的创建就是创业者、组织、环境和过程四个要素相互作用的结果。学者们较多关注创业过程中创业者的行为规律，认为创业活动的一个重要目标就是建立新组织，是创业者在建立企业时通常需要经历的基本步骤，要求创业者能够发现新的市场机会，并把握机会、将其发展成为新的创业企业。具体来说，创业过程概念界定有狭义和广义之分。狭义的创业过程是指创业者创办新企业的过程（唐靖和姜彦福，2008）。广义的创业过程包括从创业者识别有价值的商业机会开始，到创业者创建新企业直至创业企业的成长整个过程。大部分研究主要指广义的创业过程。

创业过程的实质是企业家在识别合适的创业机会的基础上进行资源整合与价值创造，以创建新企业并推动其持续成长的过程。创业过程的关键问题就是识别机会与获取资源，其本质是机会识别及利用的过程。针对不同的创业者，创业过程有不同的内涵。例如，农民电商创业是指利用电子商务形成的物流、信息流、商流、资金流等，通过电商平台向消费者提供产品销售、快递物流等服务的创业活动过程。大学生创业是指将创业想法转化为自我行动，即在不断变化的市场环境中成功识别机会并把握商机，创办一个新企业，提供满足社会需要的产品和服务，对资源进行组合利用，实现自我价值和社会价值的过程。

（二）创业过程的特征

从创业过程的概念界定可以看出，创业过程具有复杂性和动态性，其研究演进脉络从侧重复杂性到侧重动态性，再到动态性与复杂性的融合。侧重复杂性的研究思路主要是对创业要素及其内在相互关系进行探讨。但是，创业过程所涉及的要素复杂且动态，难以确定彼此关系，因此仅从复杂性的角度对创业过程进行阐释的话，力度稍显不足。侧重动态性的研究主要关注创业阶段的划分，以动态性的视角揭示创业活动的逻辑顺序，但可能把两个时间相隔较远的事件划分到同一阶段，而且新创企业的发展较为复杂，常常难以人为划分为几个阶段。创业过程的复杂性与动态性的关系，如图 3-1 所示。

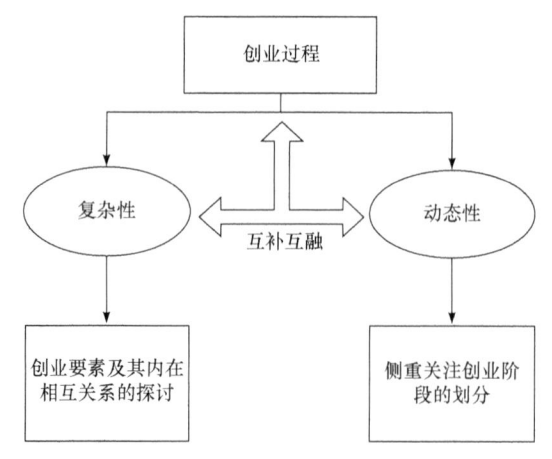

图 3-1　创业过程复杂性与动态性的关系

（三）创业过程的核心

创业过程往往要围绕三个核心——创业团队、模式和执行力，具体见图 3-2。

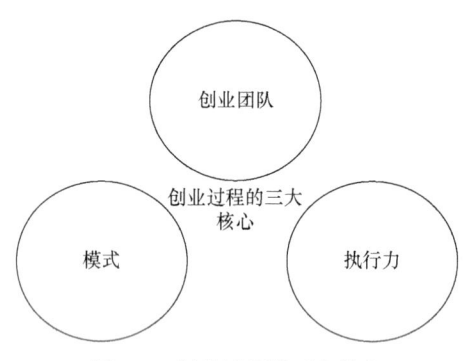

图 3-2　创业过程的三大核心

1. 创业团队

创业团队就是指人。人是创业成功最核心的要素，投资人格外看重创业团队的成员构成和创业人员的经验。因此，投资人作投资决策时，首要的着眼点就是团队。创业是一个动态变化的过程，初创公司从成立那一刻开始，就不断地面临产品、市场、竞争、融资等各种挑战，创业团队必须能在动态变化的环境中不断纠正航向，在不确定性中寻找到正确的方向，减少试错的成本，改进策略，有时甚至需要作较大程度的调整。整个团队在面对不确定性和变化时要处之泰然，所以好的团队尤其是创业经验丰富的团队可以大大降低创业失败的风险。同时，创业团队不一定拥有丰富的创业经验，但要在自己所负责的领域具有与之匹配的技能，不一定每个人都很优秀，但团队需要拥有强大的协作能力。具体来说，体现在以下四个方面：①团队成员需要有很好的互补性，能够在不确定性中找到正确的方向；②团队成员要具备快速的学习能力，要执着、专注，有着强烈的求胜心；③团队成员要懂得合作与分享以及具备较强的解决问题的能力；④团队成员要有激情和认真负责的态度。

2. 模式

模式具体指的是创业所选择的行业、市场规模、商业模式和营利模式。清晰的商业模式和营利模式是支撑一个企业不断壮大和持续发展的源泉，创业者融资的最初原动力就是探寻最佳的运行模式和营利方法。

首先，需要正确选择行业和创业的方向——这也是成功的关键因素之一。其次，市场规模和市场潜力很重要，一定要选择规模和潜力大的市场。最后，商业模式和营利模式同样重要，创业者必须认真思考创业项目的商业模式和营利模式，并能够促使两种模式逐渐成形，这两种模式也是探索和实践出一个好的创业项目的重要途径。

3. 执行力

执行力指的是贯彻战略意图、完成预定目标的操作能力，是把企业战略、规划转化成为效益、成果的关键。执行力包含完成任务的意愿、完成任务的能力，以及完成任务的程度。执行力既反映了组织（包括政府、企业、事业单位、协会等）的整体素质，也反映出管理者的角色定位。管理者的角色不仅仅是制定策略和下达命令，更重要的是必须具备执行力。执行力的关键在于通过制度、体系、企业文化等规范以引导员工的行为。管理者如何培养部属的执行力，是企业提升总体执行力的关键。

执行力可以分为个人执行力和团队执行力。个人执行力是指个体把上级的命令和想法变成行动，把行动变成结果，按时完成任务的能力。个人执行力是指一个人获取结果的行动能力。总裁的个人执行力主要表现在战略决策能力上；高层管理人员的个人执行力主要表现在组织管控能力上；中层管理人员的个人执行力主要表现在工作指标的实现能力上。团队执行力是指一个团队把战略决策持续转化成结果的满意度、精确度、速度，它是一项系统工程，表现出来的就是整个团队的战斗力、竞争力和凝聚力。

二、具体的创业过程

最初学者们主要从各种创业活动入手研究创业过程。Katz 和 Gartner（1988）指出，组织创建的四个条件包括收集市场信息、进入壁垒、财务资源和联系供应商与消费者。Shane 等（2000）指出，创业过程是主要围绕机会的识别、开发、利用而展开的一系列行动的过程。马雷（2012）借鉴 Bhave 对创业过程的定义，指出创业过程具有理性、非线性和反复修正的特征，包括机会识别、资源整合、组织创建、市场交易及消费者的反馈等内容。罗伯特·A. 巴隆和斯科特·A. 谢恩在《创业管理：基于过程的观点》一书中提出了经典的创业过程理论，将创业过程分为机会的识别、决定继续并整合所需资源、开办一个新企业、成功发展企业和收获回报五个阶段。一个完整的创业过程按时间划分通常分为三个阶段——机会识别、新企业创办和新企业发展管理。新创企业在每个阶段又要经历不同的事件。据此，创业管理者需要选择不同的发展战略，采取不同的应对措施，以推动新企业向前发展。笔者将创业过程分为梦想的树立、创意的发掘、技术或商业模式设计、获得投资、赢得团队成员认可、有效执行六大阶段（图3-3）。

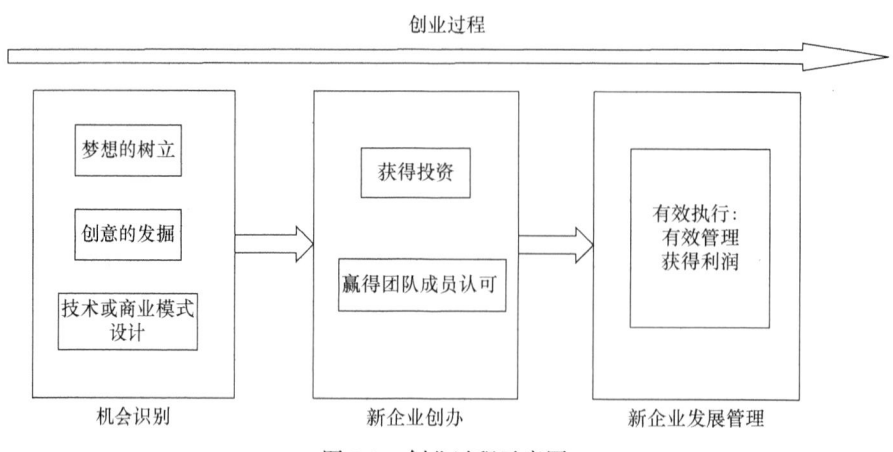

图 3-3 创业过程示意图

1. 梦想的树立

梦想是对未来的一种期望，是个人心中想要努力实现的目标。每个人都有理想和追求，都有自己的梦想。梦想是一种目标，指引我们前进的方向；梦想具有虚幻性，与现实有着一定差距；梦想是一种驱动力，让自己的才华得到彰显。梦想是一切的开始，创业开始于梦想的树立。

任何一个创业的人都有一定的理想或目标。无论你是为了实现自己的人生价值，还是只是想实现财务自由，这些初衷都不重要。只要你想创业，第一要务就是要有梦想、有目标——这是让你努力走下去的动力。创业者需要梦想，只有敢想才可能去做，才可能会取得成功，若不相信它会变成现实，那么就一定不会实现，一个没有梦想的创业者是很难成功的。

成就梦想，不仅需要勇气，而且需要智慧。有创业梦想并不难，难的是实践，更难的是在遭遇种种困难后继续执着坚守。

2. 创意的发掘

创意是对传统的叛逆，是打破常规的哲学，是破旧立新的创造与毁灭的循环，是思维碰撞、智慧对接，是具有新颖性和创造性的想法，以及不同于寻常的解决问题的思路。创意是一种通过创新思维进一步挖掘和激活资源组合方式，进而提升资源价值的方法。在实践中，创意会呈现出不同的表现形式，如实验室中的研究结果、企业运营中的一套经营方案等。

然而，不是每一项创意都能带来创业成功。如何在众多看似具有价值的创意中发现具有市场潜力的商机，进而寻找与之相匹配的商业模式，需要有独到的眼光与审慎的判断力，而这也是创业得以成功的基本保证。市场前景未知，所有创意距离真正意义上转化为新创企业有很大差异，有的甚至在创意形成之日起就注定要永远停留在思想阶段。但是，一些创意往往能促使创业者迅速占领市场，取得成功。

那么如何发掘创意呢？对此，笔者总结以下几种方法，具体见图3-4。

```
                    创意发掘的方法
        ┌──────────┬──────────┬──────────┐
   激发自然灵感  有意寻找思路  联想创意思路  头脑风暴法
        │          │          │          │
   身心愉悦    有针对性地激发   以爱好为思维素   集合集体思维进
   做自己喜欢的    创意        材发掘创意      行创新设想
      事情
```

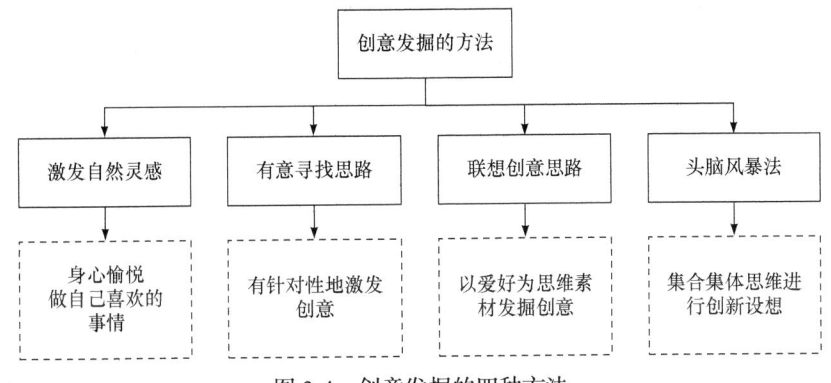

图3-4 创意发掘的四种方法

（1）激发自然灵感。大多数时候，一个好的创意来源于突发的灵感。当我们在做自己喜欢的事情而感到身心愉悦时更容易迸发出好的创意；相反，一个神经紧绷、情绪不佳的人无法有意识地收集周边有用信息，从而也不大可能产生灵感。

（2）有意寻找思路。人的创意多来源于一闪而过的思路，有的人在有针对性地寻找思路的过程中也可能激发出好的创意。比如，多浏览国内外热门设计类网站，可以从别人的优秀案例中寻找创意思路。

（3）联想创意思路。我们在寻找创意灵感的时候，如果对创意没有明确应用要求，那么可以从自己的喜好着手，以爱好作为思维素材的基础，通过有意联想从中发掘创意。比如，可以从音乐联想到创意素材，如音符、乐器、音乐家等；从美术联想创意素材，如油画、国画、画家等。

（4）头脑风暴法。头脑风暴法是发掘创意思路时应用得较为广泛的一种集合集体思维进行创新设想的科学方法。它使参与者可以从不同的角度吸收不同的观点和信息，从而丰富自己的思维，并且在取长补短的过程中，激发出创意思路。

3. 技术或商业模式设计

商业模式是一个包括丰富内涵的概念，但学界对于商业模式的具体内涵始终没有一个统一的定义。有"中国商业模式理论体系创始人"之称的李振勇（2006）认为，商业模式是把企业内外的要素有机地整合起来，形成一套完整的、具有核心竞争力的营运系统，以最大限度地满足顾客的需要，为客户创造价值，同时达成持续获利目标的整体解决方案。

当创业者发现或者获得一个创意和商业机会之后，需要进一步构建与之相适应的商业模式。创意不能脱离商业模式而独立存在，成功的商业模式是一座桥梁，富有市场潜力的商业创意将会通过这一桥梁走向真正的成功。一旦缺乏良好的商业模式，创意将不具备市场价值，也难以走向成功。所以，良好的技术或者商业模式需要围绕核心问题进行设计，即企业如何获取利润。核心问题得不到解决将是新创企业失败的征兆，只有从失败的商业模式中走出来，不断调整发展方向，或者确定新方向，才能实现成功的技术或商业模式的设计。

笔者主要介绍六种商业模式的设计方法，具体见图3-5。

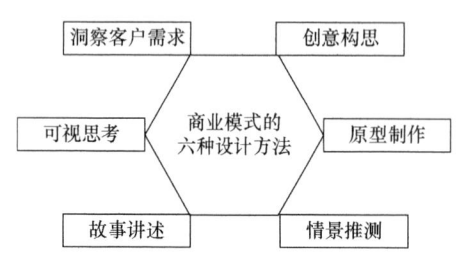

图3-5 商业模式的六种设计方法

（1）洞察客户需求。如果企业在市场研究上投入大量精力，而在设计产品、服务和商业模式上却忽略客户的需求，那么该企业一般也不会取得成功。正如汽车制造商先驱亨利·福特所说，"如果当年去问顾客他们想要什么，他们肯定会告诉我'一匹更快的马'"。因此，许多商业模式的成功，正是因为企业满足了客户的某种需求。此外，厘清听取哪些客户和忽略哪些客户的意见，这一点也是非常重要的。

（2）创意构思。设计新的商业模式需要收集大量的商业模式创意，并从中筛选出最好的创意，这个收集和筛选的过程称为创意构思。更准确地说，商业模式创新就是挑战正统，设计全新的模式，来满足未被满足的、新的或潜在的客户需求的过程。

（3）可视思考。可视思考是指使用诸多图片、表格等可视化工具进行思考，讨论事情和相关想法，并将其描绘出来。针对不同的需求要进行不同类型的视觉化展示。

（4）原型制作。对于开发全新的商业模式来说，原型制作是一种强有力的设计方法。与可视思考一样，原型制作可以将概念变得更形象具体，并有利于产生新创意。原型是用于讨论、调查或验证概念目标的工具，可把原型看成未来的商业模式实例。商业模式原型，可用商业模式画布简单表现为经过深思熟虑的概念形式，也可表现为模拟新业务财务运作的电子表格形式。

（5）故事讲述。在故事讲述中介绍新事物，让创意不再抽象，使创意变得有形、有生命力。同时，故事要讲得清晰、易懂，并能调动员工参与的积极性。在故事设计时要明确目的，结合观众的实际情况，从公司、客户的视角塑造主人公，把新的商业模式以形象具体、简单易懂的方式呈现出来。

（6）情景推测。在新商业模型的设计和原有模型的创新上，情景推测可以把抽象的概念变成具体的模型。它的主要作用是通过细化设计环境，熟悉商业模型设计流程。主要存在两种类型的情景推测，即描述不同的客户背景和描述新商业模式参与竞争的未来场景。

4. 获得投资

投资是指特定经济主体（国家或企业以及个人）为了特定目的（如在未来可预见的时期内获得收益或资金增值），在互惠互利的基础上，与对方签订协议，在一定时期内向一定领域投放足够数额的货币资金或货币等价物的经济行为。投资可分为实物投资、资本投资和证券投资等。其中，资本投资是以货币投入企业，通过生产经营活动取得一定利润的经济活动；证券投资是以货币购买企业发行的股票和公司债券，间接参与企业的利润分配的经济活动。投资是创新创业项目孵化的一种形式，是以资本助推项目产业化综合体发展的经济活动。

资金是新企业创立过程中需要解决的首要问题，而在创业研究中投资与融资的概念易被混淆。其一，融资与投资的内涵不同。融资指的是为支付超过现金的购贷款而采取的货币交易手段，或为取得资产而集资所采取的货币手段。投资指的是国家、企业、个人，为了特定的目的，实现互惠互利，向资金需求方提供资金输送的过程。其二，融资与投资的主体不同。融资的主体是资金筹集方，投资的主体是资金出借方。通俗地讲，融资是借钱或发行证券产品以筹集资金，而投资是出借资金或购买发行的证券产品以获得一定的利益。融资和投资是相辅相成的，每一轮融资总有直接投资者或间接投资者。例如，上市公司发行股票是为了获取更多的资金支持，这一行为属于融资。投资者看好某一上市公司的发展前景，出资购买了上市公司发行的股票，这一行为属于投资。投资者购买上市公司发行的股票，资金从投资者的资金账户中流出至上市公司的资金账户中，上市公司获得投资者的资金，并扩大生产规模。上市公司盈利后，投资者持有的股票升值，卖出股票后，投资者获得本金和回报。

创业过程中争取投资的三项准备工作见图3-6。

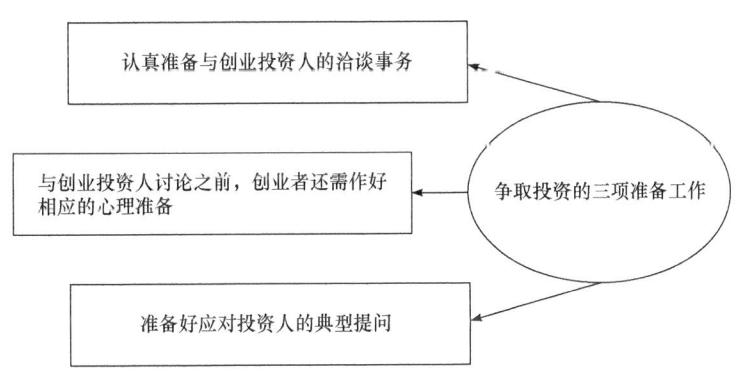

图3-6 创业过程中争取投资的三项准备工作

（1）认真准备与创业投资人的洽谈事务，如投资建议书、业务方案书、尽职调查报告及营销材料等。

（2）与创业投资人进行讨论之前，创业者还需作好相应的心理准备。比如，收益和风险的预测、准备放弃的局部业务、准备作哪方面的妥协等，这些都要提前作好心理预判。

（3）准备好应对投资人的典型提问：顾客对产品是否已经有了品牌的认知度；具有哪些竞争优势；企业营销方案中关键的要点是什么；产品的生产能力有多大；等等。

5. 赢得团队成员认可

良好的创业团队是创建新企业的基本前提。创业活动的复杂性决定了企业的所有事务不可能由一个创业者完成，必须通过创建团队进行明确的分工。而创业团队的优劣则决定了创业能否取得成功，这就要考虑两个方面的问题。首先，对创业团队成员自身来说，每个人在企业中是否有一个合适的角色定位，是否有与之相匹配的基本素养和专业技能；其次，对于创业团队来说，整个团队是否团结协作、优势互补，是否具有统一的价值观，是否做到了责任和利益的合理分配。

在创业中，构建强大团队的八种方法见图3-7。

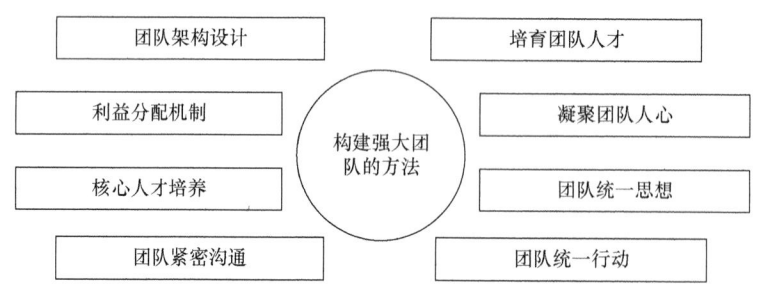

图3-7 构建强大团队的八种方法

（1）团队架构设计。一个有利于创业型公司的架构设计，可以让整个创业团队直指目标，并得到快速发展，团队之间的协作也会更加轻松。初创公司一般可用人力较少，比较提倡扁平化的组织架构，这样的架构是创业型公司最优先的选择。根据已经设计好的组织架构，确定每个职能部门的岗位分工，做好各个岗位的定岗定编工作，出具基本的岗位说明书，描述各岗位需求的人才特征。根据团队各个职能的重要程度，可将各职能岗位分成核心、骨干、普通三种。

（2）利益分配机制。根据组织架构及职能岗位分层的不同，设定一套分配合理、有竞争性、有吸引力的利益分配方案，让各职能岗位既容易招人，员工又有主观的积极性。同时，不同的利益分配方式及数额对员工要进行保密。

（3）核心人才培养。在创业起步前，一定要作好核心团队资源的储备，形成人才的核心竞争力可以利用当前的各种招聘渠道、定向挖人或熟人介绍等进行人才招募，经过招聘筛选等过程，找到适岗的人才，再予以试用。

（4）团队紧密沟通。为了能发挥出每个人的价值，创业者一定要与整个团队保持着紧密的沟通。即使是基层员工也要从行为方式上去观察、了解他们是否适才适岗。紧密的沟通可以让你能深入地识人、开发团队人才、找到问题的关键、做好各项工作。

（5）培育团队人才。要注重人才的培养，利用业务培训、产品培训、技能培训、新人培训等，让新人能尽快地适应基础工作，让业务水平不高的员工能快速得到提升，让团队成员通过培训都能胜任自己的工作岗位。

（6）凝聚团队人心。团队成员之间要建立一种紧密的依存关系，包括工作关系和私人感情关系两种。让工作和生活能更多地融合，大家为公为私一条心，荣辱与共。要创造一种轻松自由、积极进取的工作氛围，让大家在这个团队里都能有归属感，能为自己是团队的一分子而感到自豪。

（7）团队统一思想。每个人都要知道团队的整体大目标、自己的小目标，明白自己的岗位职责、知晓协作同事的岗位职责，并且能够合规工作、能担当己任。建立务实、可落地的企业价值观、企业宗旨、企业精神，让企业文化走进每个人内心，得到大家的认同，领导也要作好示范、带领团队时刻践行这些企业文化。

（8）团队统一行动。团队每位成员工作行动要听统一指挥。为了实现既定目标，行动要有方法、有标准、有考核，做到目标未达成要复盘、方法不对改策略、标准不行调标准、考核不合理就优化、态度不行搞思想、行动失利要上下都问责。

6. 有效执行

一个新创企业的建立并不意味着创业已经成功，进行有效的管理并获得相应的利润才是成功的关键，而这些均离不开有效执行。创业者常常需要更加审慎地把握企业的发展方向。然而，新创企业的管理与一般的企业管理并不相同，需要结合自身的特点，关注新创企业发展中存在的问题。特别是由于创业具有动态性，因此创业者要以动态的眼光看待新企业成长过程中所遇到的各种管理问题，并针对问题同时根据企业的发展阶段适时地制定相应的有效执行方案。

创业者提高企业执行力的五种方法具体见图 3-8。

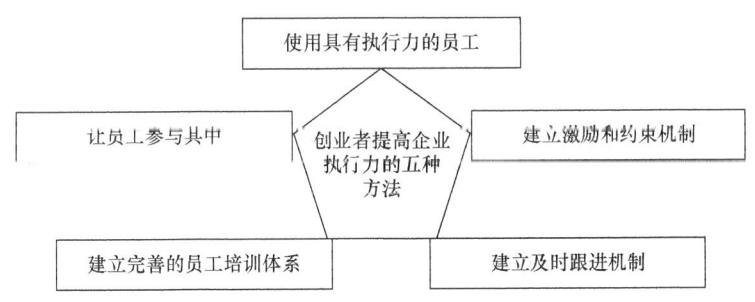

图 3-8　创业者提高企业执行力的五种方法

（1）使用具有执行力的员工。企业要充分利用和发挥每个员工的爱好与特长，将之安排到相应的岗位上，并根据岗位职责要求，下达合理的工作任务，以直接激发员工的工作热情。例如，一名市场营销人员的营销技巧、业务知识并不能代表其能力，较为强烈的服务意识、成功的欲望等才能体现其应有的能力水平。

（2）让员工参与其中。为了在市场中占有绝对的竞争优势，企业必须明确战略计划，并可以动态灵活地改变计划。但是，这一做法对于员工来说是不利因素。如果企业在制定新的措施时不让员工参与，员工将难以了解改革的真正意图，改革的措施也将很难被员工接纳。只有让员工参与其中，他们才能更容易接受。同时，员工一般是最了解问题的症结、改进的办法和客户的想法的，更容易针对全局进行一些机动处理。如果让员工参与其中，那么他们的责任感将大大提升，从而有利于提高工作效率。

（3）建立激励和约束机制。激励是领导者遵循人的行为规律，运用物质和精神相结合的手段，采取多渠道、多层次的方法，最大限度地激发员工的主动性和创造性，以保证组织目标的切实落地的方式。激励是管理过程中不可或缺的环节，有效的激励可以成为组织发展的动力保障。但是，任何一项激励政策都会引起员工的相应行为，其中不乏企业不希望发生的某些现象。所以，应配套建立合理的约束制度，避免员工行为发生偏离。没有一个好的激励约束机制，新创企业员工肯定没有强有力的执行力。

（4）建立完善的员工培训体系。在知识经济时代，工作中所需的技能不断增多，知识更新速度不断加快，只有不断地学习，才能提高对社会的应变能力，从而提高执行力。那种只使用、不充电的用人行为，是对企业持续竞争力的破坏。因此，企业必须建立系统而科学的培训体系来维系员工的发展。只有卓有成效的培训才能使员工有效地执行企业的经营策略。

（5）建立及时跟进机制。企业制定出一个好的战略计划并不是万全之策，也不一定能保证达到目标，因为战略目标的实施是一个漫长而复杂的过程，需要不断跟进，必须考虑各种可能出现的因素、需要承担的风险以及预期的回报。因此，应针对达成率、生产率等指标对员工进行多方面的考评，以促使其不断反省。按时间来划分，可将跟进分为以下几类：一是事前跟进，发现潜在风险提前向员工预警；二是事中跟进，在执行任务过程中发现问题后，寻找解决办法，使员工的工作重新回到正轨上来；三是事后跟进，出现问题后，找出原因，提供补救建议和具体措施，避免员工以后再犯同样的错误。通过跟进，向员工传达一个敦促其行动的信号，确保他们在开展工作的时候做到协调同步，这是提高员工执行力的一项重要措施。

三、创业过程中的风险

1. 现金流周转的风险

创业对资金的要求很高。很多创业者因筹备资金不足或资金链中断导致运营终止。因此，要作好资金准备，规避资金周转风险。其中，造成此种风险的主要原因有以下几种。

其一，管理风险。过度投资、盲目扩张等是造成现金流周转出现风险的首要原因。同时，盲目追求多元化，也会给企业的现金流带来非常严重的风险。不了解其他行业的特点，仅仅看哪个行业挣钱就往哪个行业投资扩张，不仅会造成企业资金的分散，而且由于对新的行业不熟悉，往往会因经营亏损而损失资金。

其二，决策风险。对现金流周转造成的风险主要表现在投资上，企业需要不断进行投资，这是从现金转化为资产再转化到现金收益的过程。例如，谷歌、苹果等企业通过不断投资才实现了现金增值的循环。企业准备的资金，投入企业经营，变为加工费用、管理费用等，而后产生了成品，产品成功销售后就收回资金，增值部分就是利润。理论上来说，这是一种"现金—资产—现金"的正向循环，具体如图3-9所示。

其三，利润风险。利润风险和现金流之间存在显著关系，即现金流决定最终的利润，但利润并不等同于现金流，这也是管理者容易忽视的一个问题。一些企业看起来拥有较好的利润,但事实上却存在非常严重的现金流问题。典型的现象就是资产负债率过高。同时,利润风险的本质就是负债风险,这会增加企业的财务风险,降低企业的再筹资能力,导致股票市场价格下跌,从而影响资金周转。

2. 创业团队人事危机风险

人事危机事件指的是在企业中由人力资源管理不善而造成对企业重大不利的事件。企业的人事危机管理是人力资源管理的一个重要组成部分。创业并不是一个人的事,需要合伙人、员工,如果合伙人员跳槽或者管理人员辞职,就可能会造成创业失败。因此,运营中需要合理规避人事风险,作好人性化管理,并对人事制度进行优化。

常见的人事危机具体见图 3-10。

其一,主要骨干突然辞职。主要骨干突然离开企业可能是由于对薪资的不满,也可能是企业高管层内部沟通出现问题,又或者是企业正处于变革时期。主要骨干突然辞职带给企业的损失往往是巨大的,主要包括无法立刻找到接班人以及团队心理受到打击等。

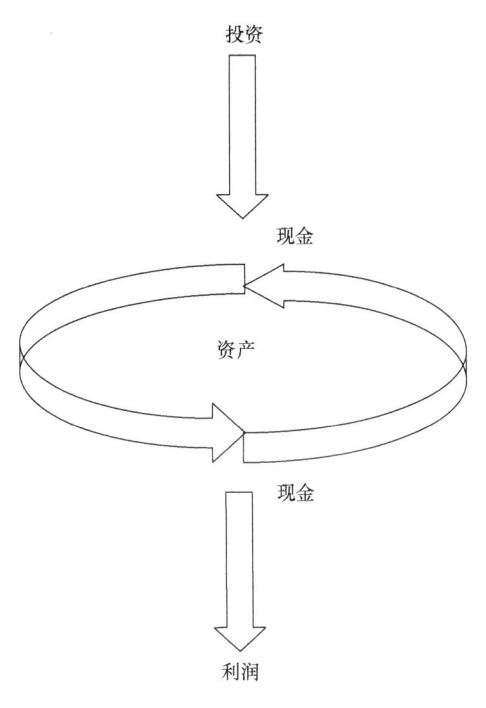

图 3-9 投资形成过程的正向循环

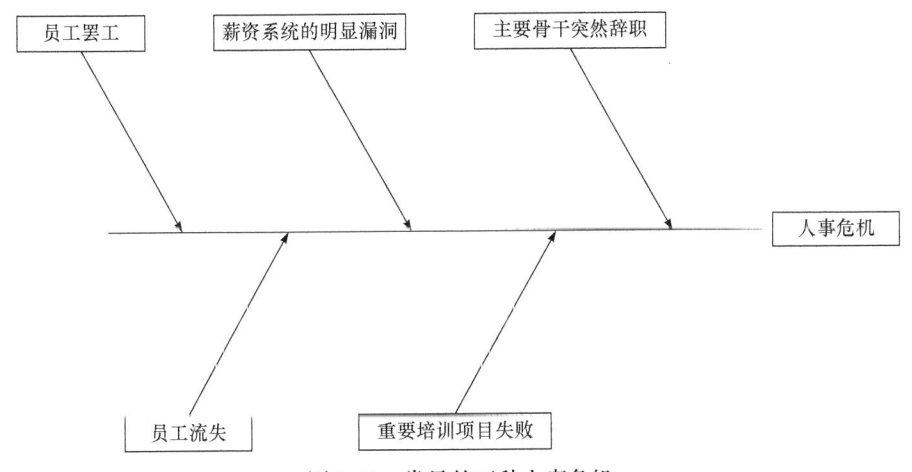

图 3-10 常见的五种人事危机

其二,重要培训项目失败。培训工作对企业人力资源的维护和发展起到了重要的作用,好的培训项目能发挥巨大的作用,安排和设计欠妥的培训课程会产生一定的负面效果。

其三,薪资系统的明显漏洞。薪资系统的设计对于企业发展至关重要,薪资在众多激励因素中属于保健因素。也就是说，一旦员工对自己的薪资待遇产生不满，那么可能直接导致员工对工作本身产生不满。

其四，员工流失。员工流失是指由于公司的管理，尤其是人力资源部门的失误而导致关键员工流失的现象。目前，这是多数企业均会担忧的问题。

其五，员工罢工。员工罢工可以说是人事危机中比较严重的一种现象，不仅会给企业带来直接的经济损失，而且由罢工引起的员工情绪上的波动还会大大影响员工的工作态度。

在处理人事危机事件时，应谨慎遵循理智原则、公平原则、双赢原则、乐观原则以及事前预防原则。同时，在管理机制上，应提前制订接班人计划，以减少核心人员突然辞职而带来的影响；应进行积极、适时的沟通，沟通不仅仅是信息传递的过程，更是情绪和情感上的互动过程；建立预警机制，分析企业潜在的危机，建立明确的判断标准；进行试用与考察，观察新员工真实的工作能力、工作态度和工作风格。此外，应树立危机意识，采取有效措施，加强危机预警，以增强企业的适应力和竞争力。

3. 决策失误风险

创业者如果在创业过程中不进行规划，且自己也没有相关经验，就很容易出现决策失误。为了少走弯路，降低风险，创业者需要认真作好决策。只有科学决策才会对企业的管理带来良好的效应。因此，我们需要进一步明确造成决策失误的主要原因。

首先，影响决策的不确定因素过多。例如，人、环境以及物质因素等会给决策带来很大的难度，甚至因为不确定性因素变化太快、太多，决策者还未来得及察觉，就已经与决策的最佳时机失之交臂了。这样必定导致一些决策错误。其次，决策者对于问题的认识与分析过于片面。决策者若总是局限在自己狭窄的思维空间、知识水平中，那么决策错误也是必然的。例如，20 世纪 70 年代初施乐公司就发明了在 20 世纪 90 年代才开始流行的计算机图形用户界面（graphical user interface，GUI）。图形用户界面是现代个人计算机的重要组成部分，但是施乐公司却认为它不重要，于是把该项技术卖给了 IBM。施乐最大的失误就是在研发之前没有设计好整个业务的市场策略，不知道如何去生产和销售电脑，决策者作了带有片面性、局限性的决策，只顾着研发产品，而没有从整体和大局着眼实施有效的市场策略。最后，没有很好地考量少数人的意见。一般情况下，集体在进行表决的时候往往默认为少数服从多数，但这种观点常常是有偏差的。因为，有时候很多人是在凭经验、凭感觉做事，根本就没有客观地分析当前出现的新问题，再加上从众心理的影响，就很可能附和多数人的意见。这样，就给决策者造成了一个假象：大多数人的意见是正确的。如果真的按照这个思路走，那么决策者就不能很好地考量少数人的意见，从而作出一些错误的决策。

如果我们能够全面分析造成决策失误的具体原因，就能更好地应对决策风险。

4. 市场营销风险

市场营销风险是指企业在开展市场营销活动过程中，由于出现不利的环境因素而导致市场营销活动受到破坏甚至失败的可能性，主要包括产品风险和定价风险。其中，产品风险是指产品在市场上处于不适销对路时的状态,主要包括产品设计、产品功能质量、产品入市时机选择、产品市场定位以及产品品牌商标等风险;定价风险是指企业为产品所制定的价格不当导致市场竞争加剧,或用户利益受损,或企业利润受损的状态,主要包括低价、高价以及价格变动等风险。

  分析造成市场营销风险的成因,主要从企业的主观因素和市场的客观因素两方面进行。企业的主观因素包括:其一,企业决策者仍保持传统的市场营销观念,未摆脱传统的计划经济体制的影响;其二,企业决策者过于自我,主要凭借主观想象作出市场决策;其三,企业市场营销的管理者未顺应市场规律;其四,企业决策者缺乏处理市场营销风险的经验与知识;其五,企业对于市场营销风险并不重视。市场的客观因素包括:其一,市场需求的变化是导致其存在的首要客观因素;其二,经济形势/政策的变化会产生市场营销风险;其三,科技进步在带来机遇的同时也意味着原有技术的落后与淘汰。主客观因素具体见图 3-11。

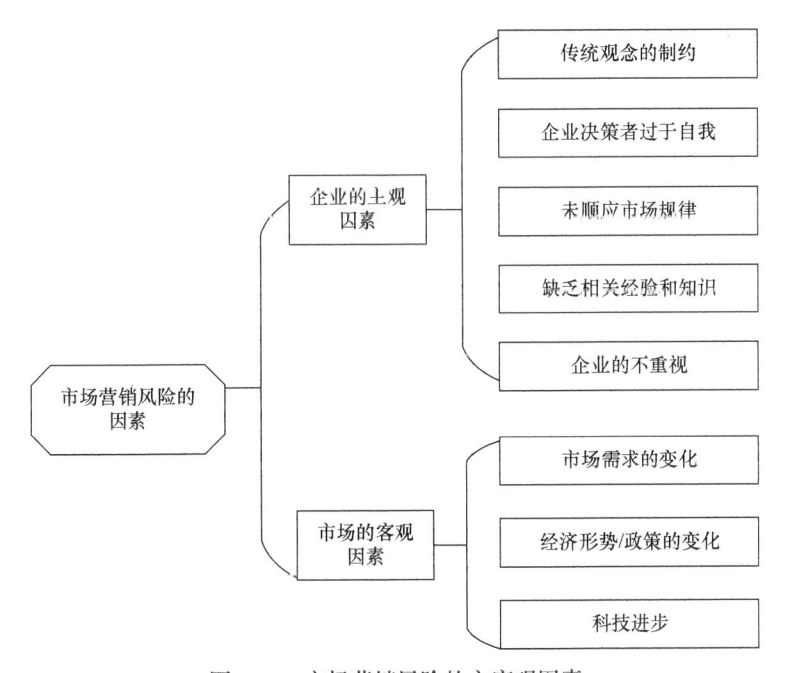

图 3-11 市场营销风险的主客观因素

  企业在开展市场营销活动过程中,必须分析市场营销可能出现的风险,并努力加以预防,设置控制措施和方案,以最终实现企业的营销目标。创业过程需要承担的风险很多,在创业之前,需要根据自己的实际情况和对市场的调查情况,作好合理分析和规划,不能盲目自大。

第四章
创业管理模型

创业研究的蓬勃发展引发了国内外许多学者对如何创业、如何成功创业等一系列问题的思考，一些学者提出了许多独特的见解和经典创业模型。这些成果在理论上进一步丰富了创业学研究，在实践中也指导着创业者开拓进取、实施创业行为。本章对创业学领域经典的创业模型进行回顾和对比，以揭示各个模型的特征和所有模型的共性。

一、Timmons 创业管理模型

1974 年 Timmons 在其著作《创业学：21 世纪的创业精神》(*New Venture Creation: Entrepreneurship for the 21st Century*) 中提出一种创业管理模型。Timmons 指出，在这个模型中，影响创业的主要因素是创业团队、机会和资源，可将创业过程看作创业者通过整合、利用资源来识别、开发机会的过程。他认为，成功的创业活动必须要能将机会、创业团队和资源三者作出最适当的搭配，并且也要能随着事业发展而进行动态的平衡。创业流程由机会所启动，在组成创业团队之后取得必要的资源，创业计划方能顺利开展。

Timmons 认为，在创业前期，机会的发掘与选择最为关键，创业初期的重点则在于团队的组成，当新事业顺利启动后，对于资源的需求才会增加。也就是说，Timmons 创业管理模型十分强调弹性与动态平衡，他认为，创业活动随着时空变迁，机会、创业团队、资源三个因素会因比重发生变化而产生失衡的现象。良好的创业管理就必须要能及时地进行调整，掌握当时的活动重心，使创业活动重新获得平衡。

此外，Timmons 认为，在创业过程中，机会的模糊、市场的不确定性、资本市场的风险，以及外在环境的变迁等，经常影响到创业活动，使得创业过程充满了风险。因此就必须要依靠创业者的领导力、创造力与沟通能力来解决问题，掌握关键要素，弹性调整机会、资源、团队的搭配组合，使得新事业能够顺利进行。Timmons 创业管理模型认为，创业是一个高度动态的过程，其中机会、资源、创业团队是创业过程中最重要的驱动因素：机会是创业过程的核心要素，创业的核心是发现和识别机会，并利用机会实施创业，因此，识别与评估市场机会是创业的起点，也是创业过程中一个具有关键意义的阶段；资源是创业过程的必要支持，为了合理利用和控制资源，创业者往往要竭力设计创意精巧、用资谨慎的战略，这种战略往往对新创企业较为重要；创业团队是新创企业的重要组成部分。Timmons 认为，创业领导人和创业团队必备的基本素质包括：较强的学习能力，能够自如地应对逆境；有正直、诚实的品质；富有决心、恒心和创造力、领导能力、沟通能力；团队要富有柔性，能够适应市场环境的变化。

总体来看，Timmons 创业管理模型（图 4-1）的特点是，三个核心要素构成一个倒立的三角形，创业团队位于三角形的底部。在创业初始阶段，机会较多而资源较为缺乏，三角形将向左边倾斜；随着企业的发展，企业拥有较多的资源，但这时原有的机会可能变得相对有限，这就导致另一种不均衡。创业领导者及创业团队需要不断探求更多的机会，促使资源的合理运用，使企业发展保持适度平衡。这三者的不断调整，最终实现了动态均衡，这就是新创企业发展的实际过程。Timmons 创业管理模型始终保持三个要素间的动态性、连续性和互动性。

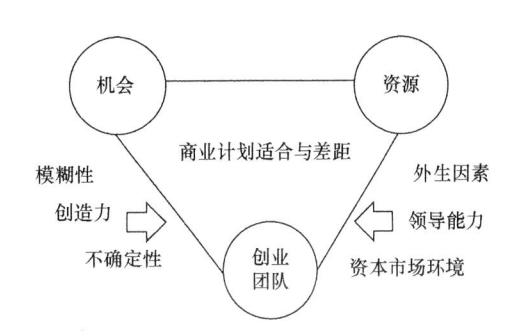

图 4-1　Timmons 创业管理模型

二、Gartner 创业管理模型

1985 年 Gartner 在《一个描述新企业创建现象的概念框架》（"A conceptual framework for describing the phenomenon of new venture creation"）一文中提出了新企业创建的概念框架，进而提出了独特的创业管理模型，如图 4-2 所示。Gartner 认为，新企业的创建就是组建新的组织的过程，也就是将各个相互独立的行为要素组成合理的序列，并使其产生理想的结果。他构建了一个更为复杂的创业模型，认为描述新企业创业主要包括四个维度，即创立新企业的个人——创业者，他们所创建的组织——新企业，新企业所面临的环境及新企业创立的过程。任何新企业的创立都是创业者、创业过程、环境和组织四个要素相互作用的结果。其中，创业者需要有诸如获取成就感的渴望、善于冒险以及有丰富的经历等特质；创业过程主要包括发现商业机会、创业者积聚资源、开始产品的生产、创业者建立组织以及对政府和社会作出回应等环节，环境主要涉及技术、供应商、政府、大学、交通、人口等因素，如风险资本可用性、技术熟练的劳动力、供应商或客户的可访问性、政府影响、是否邻近大学、土地或设施的可用性、地区人口情况等；组织包括内部结构设置、组织战略

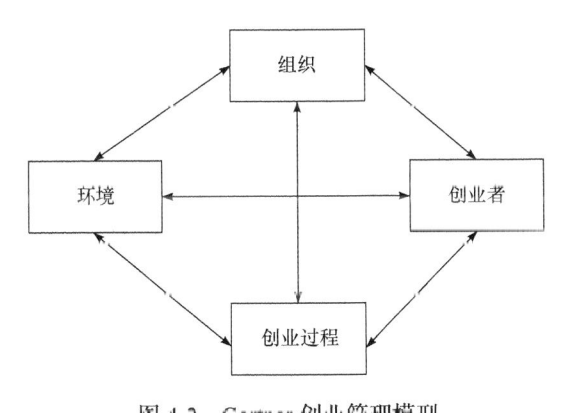

图 4-2　Gartner 创业管理模型

资料来源：Gartner W B. 1985. A conceptual framework for describing the phenomenon of new venture creation[J]. The Academy of Management Review, 10: 696-706.

选择等。

Gartner 创业管理模型的特点是，这一模型描述了新企业创建的四个维度，适用于单个创业者的创业行为。但该模型并不是专门回答"新企业是如何创建的"这一问题，而是为新企业的创建构建了可供参考的发展模型，因此这一模型是动态的。

三、Wickham 创业管理模型

Wickham 在其《战略型创业》(*Strategic Entrepreneurship*)中构建了基于学习过程的创业模型。该模型的含义如下。

（1）创业活动包括创业者、机会、组织和资源四个要素，这四个要素互相联系。

（2）创业者任务的本质就是有效处理机会、资源和组织之间的关系，实现要素间的动态协调和匹配。

（3）创业过程是一个不断学习的过程，因此创业型组织也是一个学习型组织。

创业者通过学习，不断变换要素之间的关系，实现动态性平衡，从而能够成功地完成创业。由此模型可知，创业者处于创业活动的中心。创业者在创业中的职能体现在与其他三个要素的关系上，即识别和确认创业机会、管理创业资源、领导创业组织三个方面，如图 4-3 所示。该模型还揭示了资源、机会、组织三个要素之间的相互关系。资本、人力、技术等资源要集中于机会利用上，并且要考虑资源的成本和风险；资源的整合形成组织，包括组织的资本结构、组织结构、程序和制度，以及组织文化；组织的资产、结构、程序和文化等则形成一个有机的整体，来适应所发现的创业机会。因此，组织需要根据机会的变化而不断调整。

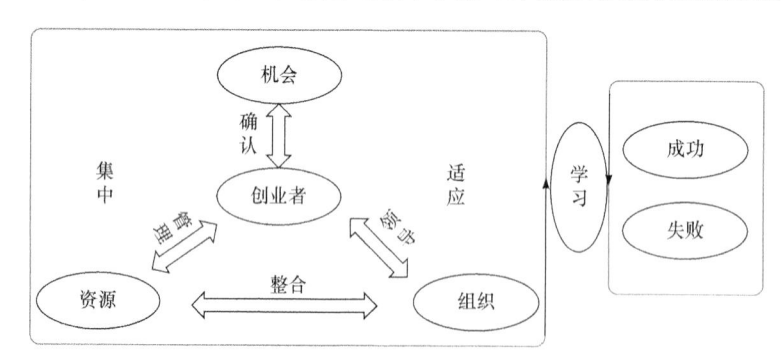

图 4-3 Wickham 创业管理模型

资料来源：Wickham P A. 2001. Strategic Entrepreneurship[M]. 2nd. New York：FT Press.

除此之外，Wickham 创业管理模型还揭示了组织是一个学习型组织的本质。也就是说，组织不仅要对机会作出反应，而且要根据情势变化及时总结、调整，通过"干中学"，使组织的规则、结构、文化和资源等得到不断改进，在不断的成功与失败中学习和锤炼，从而实现组织的完善、发展和创业要素间的动态平衡。Wickham 创业管理模型的特点主要是：将创业者作为调节各个要素之间关系的重心，通过对机会的确认，创业者管理资源并带领团队实

施创业活动；在这个过程中，创业者不断加强学习，并根据机会来集中所需资源，使组织适应机会的变化，进而实现创业成功。

四、Christian 创业管理模型

Christian 和 Julien P-A（2000）认为，创业管理应该聚焦于个人与新事业的互动，并以此为核心来开展创业活动。在其构建的创业模型（图4-4）中，个人与新事业是两个主要元素。由于 Christian 创业管理模型主要强调个人与新事业的互动关系，因此他将如何创立新事业、随着时间而变化的创业过程管理，以及影响创业活动的外部环境等三个议题，视为创业管理的核心问题。

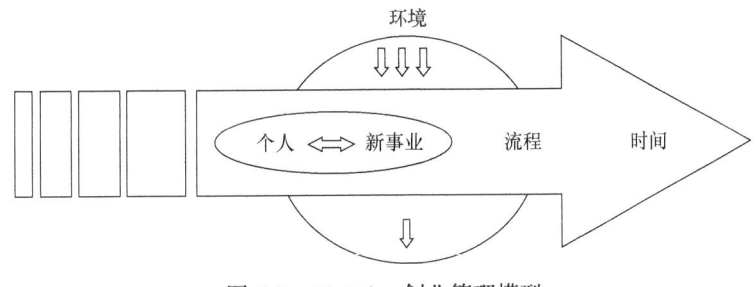

图 4-4 Christian 创业管理模型

资料来源：Christian B，Julien P-A. 2000. Defining the field of research in entrepreneurship[J]. Journal of Business Review, 16（2）: 165-180.

此模型体现出，在个人与新事业的互动下，随着时间的变迁，创业企业根据一定的流程演进与发展。在企业发展的整个流程中，外部环境不断对企业产生影响，使个人与新事业的关系不断复杂化，因此创业流程管理也会日趋复杂。

Christian 创业管理模型与 Timmons 创业管理模型同样重视创业者的功能，视创业者为创业活动的灵魂与推手，认为如何有效发挥创业者的创业才能，将是创业管理工作中的一大重点。虽然有人说创业者的冒险精神与积极进取的个性属于先天的人格特质，在后天很难加以培养。但 Christian 创业管理模型所强调的"个人与新事业互动的能力"以及 Timmons 创业管理模型强调的"创业者随着环境变迁而动态调整创业模式的能力"，都与人格特质的关联性不强，也可说明创业者的能力确实可以经由有系统的创业教育加以培育。

五、Sahlman 创业管理模型

Sahlman 在《关于商业计划———创业风险事业的若干思考》（*Some Thoughts on Business Plan：The Entrepreneurial Venture*）一书中提出了自己的创业模型，认为创业是四个关键要素相互协调、相互促进的过程，这四个关键要素分别是人和资源、机会、环境以及交易行为。在创业过程中，为了更好地开发商业机会和创建新企业，创业者必须把握这四个关键要素。

（1）人和资源。人和资源是指为创业提供服务或资源的人，包括经理、雇员、律师、会

计师、资金提供者、零件供应商以及与新创企业直接或间接相关的其他人。

（2）机会。机会是指任何需要投入资源的活动，不但包括亟待企业开发的技术、市场，而且包括创业过程中所有需要创业者投入资源的事务。

（3）环境。环境是指无法通过管理来直接控制的因素，如资本市场利率水平、相关的政策法规、宏观经济形势以及行业内的进入威胁等。

（4）交易行为。交易行为是指创业者与资源供应者之间直接或间接的关系。

Sahlman创业管理模型的核心思想是要素之间的适应性，即人和资源、机会、交易行为与环境能否协调整合、相互促进。该模型强调了环境的重要性（环境处于模型中心），认为其他三个创业因素来源于环境并反过来影响环境。Sahlman创业管理模型，如图4-5所示。

Sahlman创业管理模型强调了要素之间的适应性，并扩展了要素的外延，为创业实践提供了理论基础，同时为创业过程的研究开拓了新的视野。

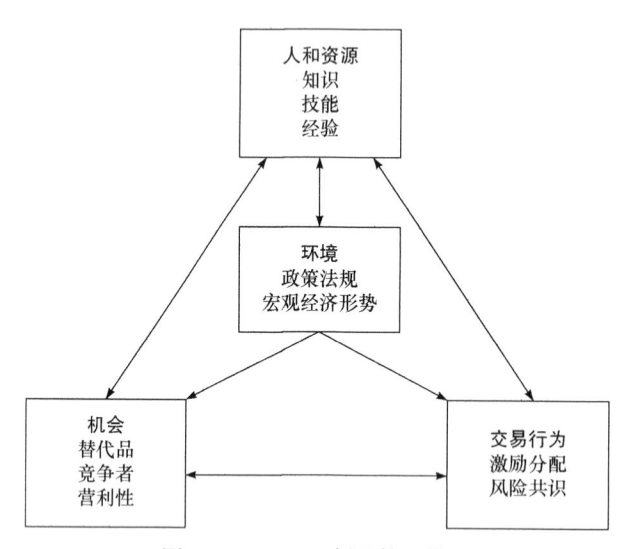

图 4-5　Sahlman创业管理模型

资料来源：Sahlman W. 1999. Some Thoughts on Business Plan：The Entrepreneurial Venture[M]. New York：HBS Publication.

六、各类创业管理模型对比分析

要深入探讨各个创业管理模型的深层次内涵及其相互之间的异同，需要根据某种维度来对比分析。本章从资源、机会和环境三个维度，比较上述五类创业管理模型间的异同点，便于学习者对不同创业管理模型的内涵和关联有较为深入的把握。各个模型之间的比较结果，如表4-1所示。通过回顾创业管理模型研究工作，我们可以得出以下结论：

第一，当前关于创业管理模型的开发很大程度上仍然依赖于以发达国家尤其是美国为背景的案例，如Timmons创业管理模型的构建就基于对美国创业现象进行的研究。同样，Gartner创业管理模型也是以美国企业为研究对象而提出的。但遗憾的是，这些研究和那些使用了美国数据展开的研究彼此间呈独立态势，因此在理论构建方面并未体现出较多的一致性。同时，因国别及其所处环境的不同，这些模型能否在发展中国家得到应用还需要时间和实践的检验。一种研究趋势是，用多国的数据（源于发达国家和发展中国家）来进行比较研究，提出综合性较强的创业模型，来指导创业实践。

表 4-1 基于资源、机会和环境三个维度的国外创业管理模型比较

模型	资源	机会	环境	综合比较
Timmons 创业管理模型	资源的整合源于团队的形成和团队对机会的把握；经由团队的运作实现了机会和资源之间的互动	创业源于对机会的识别，机会是创业成功的关键影响因素	强调环境的不确定性——这是实现模型动态变化的前提，关注资本市场环境对领导力的影响	强调弹性与动态平衡，认为创业活动随着时空变迁，机会、创业团队、资源等三个因素会因比重发生变化而产生失衡的现象。三个要素随时空的变迁而实现动态的平衡是此模型的核心
Gartner 创业管理模型	此模型中的资源主要是人力资源；创业者在创业过程中需要整合内外部资源	无	这里的环境主要是指商务环境	创业者要协调模型中的四个因素，各个因素都相互影响，构成了网状结构，阐释了企业创建的基本过程
Wickham 创业管理模型	资源是核心三角中的一角，源于对机会的识别和把握，创业者通过管理资源、领导组织来实施创业	此模型和 Timmons 创业管理模型一样，都强调机会的关键作用；机会既能够促使创业者集中资源，又能够促使创业者积极协调组织，是创业的直接诱因	为了适应外部环境，组织需要不断学习；此模型强调对环境的适应并从环境中获取知识，加以吸收和利用，强调了组织的学习能力	创业者作为核心，创业者带领团队发现机会、组织资源，同时为适应外部环境而不断学习；动态学习过程成为创业能否成功的关键
Christian 创业管理模型	无	无	强调环境随时间的变迁而变化，环境影响创业的整个流程	强调个人能力随着环境的变化和创业过程的进行而不断地动态调整，新企业的创建是创业者创业能力动态变化的结果
Sahlman 创业管理模型	将人力资源和其他资源分离开来，探究资源、机会和交易行为之间的互动关系	创业者根据市场机会整合资源，决定实施何种交易行为	此模型强调了环境的核心作用，其他三要素均以环境为中心相互调节，同时对环境又有反作用	此模型强调了要素之间的适应性和匹配性，并扩展了要素的外延

资料来源：董保宝，葛宝山. 2008. 经典创业模型回顾与比较[J]. 外国经济与管理, 30（3）: 19-28.

第二，基于案例研究或小型样本，过去的创业管理模型构建工作似乎得到了主题性的结论。例如，Christian 创业管理模型的提出主要是基于案例研究。因此，在肯定前面研究者们建立并发展了新的创业管理模型的同时，有必要通过更具有代表性的实例分析，建立更具代表性和实践性的创业管理模型。

第三，对经典创业管理模型的分析和比较结果显示，不同的创业管理模型之间存在诸多相同点。例如，所有模型均具有动态性特征，强调在动态中实现各个创业要素之间的联系。再如，Christian 创业管理模型强调的个人与新事业之间的互动，其内涵正好可以以 Timmons

创业管理模型的机会、资源、团队三个要素之间的互动关系加以说明。此外，Timmons创业管理模型和Christian创业管理模型都没有忽略外部环境的因素。

基于上述研究，有学者提出了生存型创业管理理论，该理论在我国得到了比较广泛的认可。生存型创业管理模型是以经典创业模型为基础，但能够基于中国情境展开研究，具有典型的国家特性和民族特性。国内创业研究者应该从中国的国情出发，构建适合于中国企业和创业者的创业模型和理论，以对中国的创业行为起到指导作用。

第五章
创业与领导力

一、创业领导力的内涵

（一）创业领导力的定义

"创业领导力"（entrepreneurial leadership，EL）一词最先由戴夫·拉姆齐在《创业领导力》一书中提出，即"使投资项目发展并能够赚取利润的领导过程"。德里克·利多在其著作《创业领导力》中则认为，"创业领导力广泛适用于任何类型的公司和创业者，能够帮助每个有激情的创业者将他们的想法转化成有形、持续的实体"。由此可见，上述两位学者对创业领导力的理解都局限于字面释义，即创业领导力等于创业者的领导能力，属于传统领导力学研究的范畴。从现代领导学的角度，创业领导力不同于创业领导者的能力。

创业领导力由"创业"和"领导力"两个词复合而成。创业的概念有广义和狭义之分。广义创业是指开创事业，包括创办企业、承接项目等；狭义创业则仅指创办企业。创业领导力中使用的是狭义的创业概念。领导力则是为了实现领导目标，领导者在一定的环境下，对团队中的追随者施加职权和非职权影响力的过程。因此，领导力即为领导者的影响力。前面冠以"创业"以限定情境，故而创业领导力即为初创企业中领导者的影响力。由此可见，传统定义与现代定义的区别。

创业领导力不等于创业领导者的能力。第一，领导者的能力体现的是领导者运用技能和手段约束、管理、激励追随者的能力。这种能力是领导者对追随者施加的，是单向的影响。而创业领导力强调的是影响力，是双向的"力"，既包括领导者对追随者的影响力，也包括追随者对领导者的反向影响力，虽然大多数情况下，领导者的影响力较追随者的影响力要大一些。第二，领导的工具、技能和手段方法一旦被学习掌握，即转化为创业领导者的能力，这种能力不会失去。但创业领导力不是一成不变的，它可以获得，也会失去。比如，情境A中行之有效的影响力，在情境B中可能就完全没有领导力；另外，这种影响力会随着企业的发展、内外部环境的变化而变化，在初创期产生巨大影响的领导力，也许在企业壮大成熟之后，影响力会逐渐减弱。所以，创业领导力的保持与提升，需要创业领导者厘清创业领导者的能力与创业领导力的区别，用发展的眼光、具体的眼光对待企业管理问题。

创业领导力作为领导力的特定形式，对其进行概念界定是研究的基础（表5-1）。比如，

Hejazi 等（2012）将创业领导力定义为一个动态的过程，包括愿景展示、对追随者作出承诺，以及有效利用现有资源，同时承担使用新资源的机会时所面临的风险的综合能力。

表 5-1　创业领导力定义的演进过程

代表作者	定义
Cunningham 和 Lischeron（1991 年）	创业领导力包括设定清晰的目标和创造机会，让人们保持亲密关系，组织和进行人力资源管理的能力
Schulz 和 Hofer（1999 年）	创业领导力最重要的特征是通过发现新的机会、制定新的战略来创造价值，以获得竞争优势
Irelna 和 Hitt（1999 年）	思维灵活，进行战略性的思考，通过团队合作使组织引发可行性变革的能力
Rowe（2001 年）	创业领导力是一种影响他人的能力，能使他人自愿为提高企业长期绩效而努力，同时能够保持短期财务绩效
Covin 和 Slevin（2002 年）	创业领导力是一种能够影响他人对资源进行战略性管理的能力，它既关注寻求机会的行为，也关注寻求优势的行为
Ireland 等（2003 年）	创业领导力是一种影响他人的战略性能力，强调寻求机会和寻求优势行为的能力
Gupta 等（2004 年）	创造愿景，通过愿景设定号召、动员企业成员，并使企业成员兑现愿景承诺，创造企业价值
Thornberry（2006 年）	企业领导需要具有激情、远见、专注和影响他人的能力。创业领导力不仅包括上述能力，还包括识别、开发和捕捉新的创业机会的能力
Kuratko（2007 年）	创业领导力是一种基于创业精神的领导行为，并作为一种领导力和精神体现于公司的领导者身上
Surie 和 Ashley（2008 年）	创业领导力是一种能够在不确定的环境下适应和创新的能力
Renko 等（2012 年）	创业领导力是能够影响和指导团队成员认识与利用创业机会，并为实现创业目标而共同努力的能力
Hejazi 等（2012 年）	一个动态的过程，包括愿景展示、对追随者作出承诺，以及有效利用现有资源，同时承担使用新资源的机会时所面临的风险的综合能力

资料来源：根据相关文献自行整理

综上所述，学者们对于创业领导力的定义主要分为两种观点：一种观点是把创业领导力认为是领导企业创业的一种能力；另一种观点是把创业领导力界定为基于创业视角的领导行为，即把创业领导力定义为领导创新并灵活应对高度竞争与快速变化的环境、承担决策风险的综合胜任能力。笔者综合了上述两种观点，将创业领导力界定为既包含领导创业的能力，又包括基于创业视角的领导能力，即为组织发展设定愿景、对追随者作出承诺以及有效利用现有资源，并承担使用新资源时所面临的风险的综合能力。

（二）创业领导力的构成

吴晓燕等（2014）将领导力归纳为决策能力、影响力、沟通能力、人际交往能力、反挫折能力、组织能力和创新精神。邵砾群（2015）认为，大学生领导力是指青年学生有效地扮演领导角色或非领导角色及其在领导过程中表现出来的综合素质与能力，包括社会责任感、创造性思维以及有效的沟通和解决问题的能力。通过分析，我们会发现多数研究者更注重领导者的情绪管理能力、决策能力、人际关系能力、判断能力、创造力等。

结合创业领导力研究的时代性及创业背景下对领导者要求的特殊性，赵培培（2019）在综述前人研究的基础上，通过扎根理论和聚类编码，提出战略远见能力、项目决策能力、推动执行能力、不断学习能力、自我认知能力、情绪管理能力、组织领导能力、领导变革能力、协调沟通能力、风险管控能力、冲突管理能力、团队建设能力、持续改进能力、组织培育能力、机会鉴别能力、个人影响力、激励人心能力等17种能力，并对江西省高校大学生进行调查。问卷调查结果显示，这些大学生认为创业领导力构成中较为重要的分别是战略远见能力（79.06%）、组织领导能力（69.83%）、项目决策能力（55.92%）、不断学习能力（50.96%）、协调沟通能力（47.8%）及团队建设能力（46.97%）等六项（图5-1）。其中，战略远见能力，即战略性思维与预见能力，要成为一名成功的创业领导者，卓越的战略思维是必不可少的；组织领导能力，即领导者组织协调团队资源并带领团队成员实现组织目标的能力；项目决策能力简单来说，即领导者面对问题与危机时的"拍板"能力。这些能力对领导者来说都至关重要。而在信息时代，作为一名领导者，要想取得长久的成功，还必须具备不断学习能力和协调沟通能力及团队建设能力。

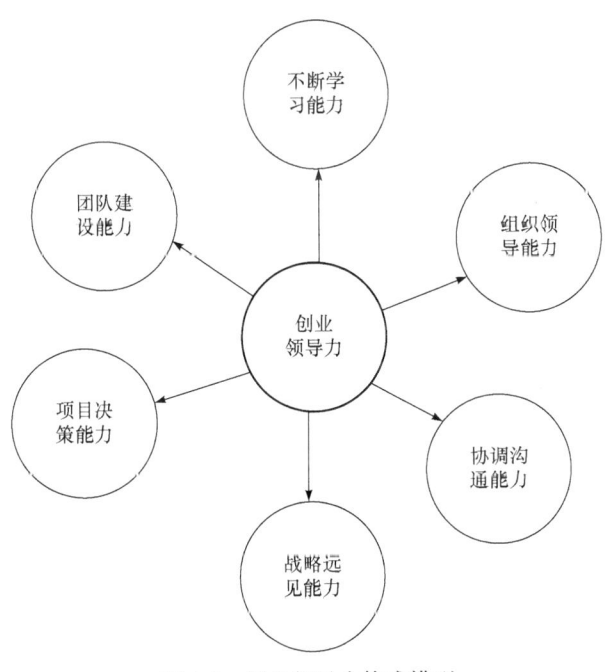

图 5-1 创业领导力构成模型

二、创业领导力的相关研究

（一）创业领导力维度研究

创业领导力的结构维度一直是研究者关注的热点，也是一个颇具争议的议题。从已有的研究结果来看，创业领导力结构维度的划分主要包括四因素结构维度、五因素结构维度、七因素结构维度（表 5-2）。

表 5-2 创业领导力的结构维度

研究者与时间	结构要素	维度类型
Hejazi 等（2012 年）	战略、沟通、个人和激励	四因素结构维度
Gupta 等（2004 年）	构建挑战性目标、不确定性吸收、路径清除、承诺建立和局限界定	五因素结构维度
Siddiqui（2007 年）	下属因素、智力因素、行为因素、身体因素、任务因素、胆量因素和创新因素	七因素结构维度

资料来源：根据相关文献自行整理而成

1. 四因素结构维度

通过总结和回顾创业领导力理论，Hejazi 等试图提出一个多维和具有一致性的量表，以弥补创业领导力评估工具的缺陷。Hejazi 等使用与领导力、创业和战略管理有关的指标，形成了四维度创业领导力综合评价模型。该模型将创业领导力作为因变量，战略、沟通、个人及激励四个因素作为自变量，研究这四大因素对创业领导力的影响。同时，采集来自不同中小企业的 386 名创始人和高层管理人员数据，进行因子分析，提出了影响创业领导力的四个关键维度，分别是战略、沟通、个人和激励。

但是，该研究也存在两个局限。一是各理论和研究初衷不同，导致创业型领导概念具有复杂性，因此很难总结一个全面的定义和制定一个普遍为人接受的指标。二是在使用态度评估工具分析人们对创业领导力的看法时，不同的表达导致出现系统误差。不过，该研究仍为当地社会经营环境下创业领导力评估提供了一个信度和效度兼具的工具。这对强化动态创业环境下的领导理念、深化该领域研究具有重要意义，学者们可以使用这个新工具，更加精确地评估创业领导力。

2. 五因素结构维度

Gupta 等（2004）对创业领导力所包含的维度结构进行了研究，认为创业型领导者面临着两项挑战：一是在资源限制的条件下抓住机会、设定愿景，称为"情境扮演"；二是创业型领导者通过说服追随者和其他利益相关者，让他们相信通过对资源进行整合，愿景是可以实现的，称为"任务扮演"。Gupta 等（2004）根据全球创业领导力与组织行为有效性研究，进行了适应于不同文化情境下的实证研究，并对创业领导力所包含的五个维度进行了解释（表 5-3）。

表 5-3 创业领导力的五维度

五个维度	分项	定义
构建挑战性目标	绩效导向、雄心、消息灵通、具有较强的洞察力	创业型领导者需要结合高度模糊的目标和非常有限的资源，在远大抱负和现实能力间找到平衡，设定所能达到的最具有挑战性的目标，通过设定具有挑战性的目标，使得团队能力发挥到最大限度

五个维度	分项	定义
不确定性吸收	愿景、远见、建立自信	创业型领导者需要规划愿景,并交由下属实施,但是创业领导者必须承担遭遇失败的责任,考虑到不确定性因素对下属的影响,创业型领导者必须使下属建立自信,并使他们确信愿景是可以实现的
路径清除	善于交际,有效谈判,令人信服、备受鼓舞	在愿景设定的过程中,需要综合考虑企业内外部环境,取得利益相关者的支持,以尽量清除潜在阻力
承诺建立	具有鼓舞能力、热忱、具有团队建设能力,以及持续改进能力	领导者需要使用技能来鼓舞、塑造一个具有高承诺度的团队,使这个团队为兑现承诺付出更大的努力,并积极发挥潜在能力来实现领导者所设定的愿景
局限界定	具有较强的整合能力、积极思考、做事果断	创业型领导者要对自身和下属的局限性有明确认识,这样不仅有助于了解企业现状,而且还能发挥下属的创造力

3. 七因素结构维度

Siddiqui（2007）通过研究印度347名创业者,认为创业型领导的特征实际上是创业者特征和领导者特征的结合。他选择第一代创业的男性、参与管理、没有其他共同管理者作为控制变量,探究影响创业领导力的因素,采用问卷调查法收集数据,并通过利克特五点量表,最终得出影响创业领导力的7个因素（表5-4）。

表5-4 创业领导力的七维度

维度	影响要素
下属因素	赢得和保持信任能力
智力因素	主导和自信
行为因素	获得优先的能力
身体因素	自我信念
任务因素	灵活性和适应性
胆量因素	承担风险的能力
创新因素	创新

资料来源：Siddiqui S. 2007. An empirical study of traits determining entrepreneurial leadership: An educational perspective[J]. Skyline Business Review, 4(1): 37-44.

综上所述,我们不难发现,创业领导力是涉及多个结构维度的概念,这已经得到绝大数研究者的认可。目前,四因素结构维度是研究者探讨的热点,但是由于受到所处文化情境的影响,所研究的内容存在较大差异。此外,四因素结构维度和七因素结构维度相对于五因素结构维度还不成熟,其普适性有待进一步考究和验证。

（二）创业领导力理论模型研究

1. Ireland 等的战略性创业模型

Ireland 等（2003）将创业和战略管理整合，提出了战略性创业模型，如图 5-2 所示。这个模型指出，创业心智、创业文化、创业领导力通过影响战略性资源管理来进行创造性应用以及创造性开发，进而产生竞争优势，最终创造财富。但是，他们提出的这个模型只是一个概念模型，并没有对这个模型进行进一步的实证检验。

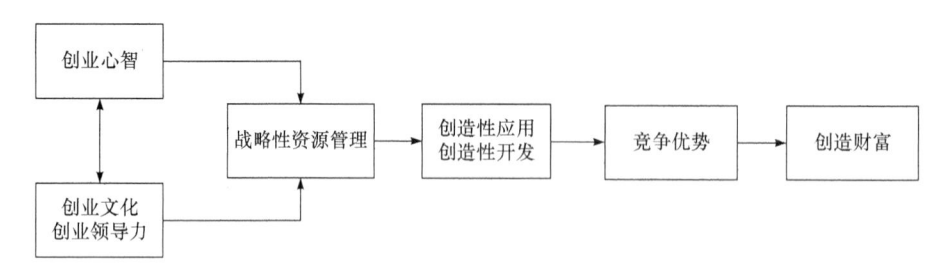

图 5-2 战略性创业模型

2. Vecchio 的创业型领导过程与水平整合模型

Vecchio 根据 Stevenson 和 Roberts 提出的五阶段模型与 Miner 的人与环境系统匹配理论构建了创业型领导过程与水平整合模型。Vecchio 认为，创业必须经历三个阶段：初创期、持续经营期和退出期（图 5-3）。每一个阶段对微观个人心理因素和宏观经济因素的要求是不同的。在初创阶段，创业者不仅需要具备"大五"人格特征，而且只有获得社会资本以及宏观的创业环境支持，才能够获取资源并开发机会，从而取得创业成功。从初创阶段发展到持续经营阶段，创业者"大五"人格特征和经济因素影响企业持续经营的程度会发生变化。比如，创业者的"大五"人格特征对企业经营的影响相对减弱，而领导（特别是管理下属的态度与行为以及危机管理和对环境变化的战略性适应等行为）的影响作用则会显著增强。

图 5-3 创业型领导整合过程和水平整合模型

该模型基于前人的研究成果而提出，具有一定的理论基础和依据。该模型描述了创业的动态过程，揭示了不同阶段对创业领导力的不同要求，为后来学者研究提供了理论框架。然而，Vecchio 提出的模型也存在一些不完善的地方：一是他从宏观因素和微观因素的角度研究创业领导力的动态过程，未全面考虑影响创业领导力的因素（如社会文化因素等）；二是他提出的模型没有经过实证检验，有待进一步考证。

三、创业领导力的理论基础

目前,大学生创业领导力已得到各高校及教育部门的重视,且领导力提升已被众多高校列入人才培养计划。然而,关于大学生创业领导力能否得到提升,以及他们的创业领导能力如何得到提升的争议仍然存在。这些问题的答案离不开对相关领导力理论的学习与研究。

1. 领导特质理论

领导力理论的发展历程漫长,20 世纪 30 年代的领导特质理论关注领导者的心理、人格、知识和能力特征,研究领导者和追随者的本质上的区别。Stogdill(1948)通过研究得出两个主要结论:首先,领导者和追随者在素质方面没有本质上的区别;其次,五大方面的特质非常重要,与领导力的成功有关。这些特质包括:①能力,包括智力、敏感性、表达能力、创造力、判断力五个维度;②成就,包括学位、知识、学术成就三个维度;③责任,包括可靠性、开创力、执着、进取心、自信心、超越的欲望六个维度;④参与,包括积极主动、社交、合作、适应性、幽默五个维度;⑤地位,包括社会经济地位、个人声望两个维度。Kirkpatick 和 Locke(1991)也对领导特质进行了研究,认为高效的领导者在几个关键领域与普通人明显不同,这些品质是一个人成为领导者的"先决条件"。区分领导者与普通人的关键品质是干劲、诚实正直、自信、协调能力和商业知识。领导特质理论认为,领导者具有其他人难以超越的个人素质,但是这些个人素质可以通过后天的培养获得。因此,高校应该重视大学生创业领导力课程和活动的开展,以此提升大学生的创业领导力。

2. 魅力型领导理论

魅力型领导理论指的是领导者通过利用其自身的魅力来鼓励追随者并进行重大组织变革的领导理论。根据 House(1977)的研究,魅力型领导者有三种显著的特征,即高度自信、支配他人的倾向和对自己的信念坚定不移。Bennis(1984)发现魅力型领导者具备四个特质:有远大目标和理想;明确地对下级讲清这种目标和理想,并使之认同;对理想有着执着追求;知道自己的力量并善于利用。Conger 和 Kanungo(1988)认为,魅力型领导者能够为了实现理想的目标而甘愿奉献自己;他们是反传统的,是非常坚定自信的;他们是重大变革的代言人,而不是传统现状的捍卫者。由此可见,通过有意识地培养大学生的自信心、锻炼其思维能力、提升其表达能力和感召能力等,能够有效增强个人魅力,提升个人的感召力和影响力,从而对提升创业领导力等具有积极意义。

3. 领导胜任力理论

胜任力,英文为 competency,源于拉丁语中的 competere,意思是适当的。1973 年,哈佛大学的 McClelland 教授首次明确提出了"胜任力"的概念,McClelland(1973)认为,胜任力是指能够区分在工作中取得杰出成就的人和普通人的一种更深层次的特征,它可能是性格、自身形象、态度和价值观、专业知识、认知或行为技能等任何能被可靠测量或计算的、能够显著区分优秀与一般绩效的个体特征。Boyatzis（1982）认为，胜任力具有不同的层次性，包括动机特征、自我形象和社会角色水平及技能水平，这些不同级别的元素加上专业知识构成了一个综合性的能力模型。与胜任力研究相关的最著名的模型是冰山模型。冰山模型将人的胜任力分为上、中、下三个部分：知识、技能等处于冰山的上端；动机、特质、自我概念等处于冰山下端；态度、价值观则处于中端。

第六章
创 业 战 略

一、创业战略的内涵和特征

（一）创业战略的内涵解读

战略选择理论的兴起引发了学术界对创业战略的思考。Miller（1983）最先提出"创业导向"（entrepreneurial orientation）的概念。他认为，如果一个公司始终致力于产品创新和市场开发，并且愿意在承担风险的前提下采取超前行动来击败竞争者，那么该公司是具有创业导向的。创业导向是企业层面的一种战略倾向。创业战略是一种基于资源形势判定的、人为性的对愿景的设定以及大体行动总纲，创业战略并不是短时间内的行动准则，以及一种具体的行动方法。它有一个全局性的布置，在较长的时间范围内，让创业者利用众多的现有资源，通过合理的战术手法，达到自己的战略目的。而创业战略就是通过创业者的智慧，将小的资源转化为大的资源，将少的资金转化为多的资金。新创企业为满足市场的需求和提高自身的效益，需要借助自身资源以及自身的学习能力和运用能力，从战略的角度不断提升新创企业在竞争环境中的优势。另外，新创企业对于创业企业战略的选择和匹配受到外部商业环境以及技术创新情况的影响。

Murray（1984）认为，所有公司都将或多或少地制定创业战略，无论其长期行为是保守的还是创新的。目前，创业战略仍是一个新兴的概念，且创业战略是创业与传统战略的交叉领域，相关定义仍未统一。学界目前主要有两种观点。其一，从创业本身出发，认为创业战略是创业企业所采取的战略，即创业的战略化。比如，刘景江和万欣（2019）在总结外国学者研究成果的基础上，把创业战略定义为，为在有前景的技术或产品市场，形成当前和未来的竞争优势，创业型企业所设计和实施的一套创业行动。其二，从战略角度，认为创业战略是在战略中引入创业的情境，即战略的创业化。比如，徐二明和谢广营（2018）认为，创业战略产生于创业精神与组织战略的交互，不仅包括新创企业的战略制定过程，而且包括创业精神指导下的所有组织战略活动。学者们对创业战略的主要定义可汇总如下，如表6-1所示。

表6-1 创业战略的定义

代表学者	主要观点
Cooper 和 Kleinschmidt（1986年）	新企业拥有的财务和人力资源十分有限并且缺少商业信誉，需要制订合适的竞争方案，以寻求适当的生存机会，甚至与已有企业竞争，而这些竞争方案就是新企业的战略选择

续表

代表学者	主要观点
Russel（1992年）	创业战略是指通过不断创新来保持竞争优势的企业战略
Lumpkin 和 Dess（1996年）	创业战略是能够将组织引导至新的领域，关于过程、实践和决策的行动纲领
Ireland 等（2001年）	创业战略是企业应对环境变化的一系列行为组合，以及创造财富过程中产生的机遇和一系列行为组合
姜彦福（2005年）	创业战略是一种增长战略，通过发掘企业的内部竞争优势，使企业获得进一步的发展
李良成（2007年）	创业战略就是对公司组织战略的管理过程
林嵩（2006年）	创业战略由环境因素、创业者的特征以及风险投资背景等三个变量组成
王一军等（2009年）	新企业在发展过程中可以采用的竞争性经营方案的总和
Fern 等（2012年）	创业战略是一种新的商业策略和企业家策略，意味着要采取一系列活动并配置必要的资源来实现创业目标
Kuratko 等（2014年）	企业创业战略旨在拓宽视野、鼓励创新、营造企业氛围、发展创业团队

从以上关于创业战略的定义可以看出，目前对于创业战略的认识和理解还未形成共识，主要从新企业的竞争战略、环境变化的应对、机会识别等方面进行创业战略的内涵解读，虽然角度有所不同，但都把创业情境与战略框架作为创业战略的核心。可见，创业在一定程度上可以说是一个决策过程，如何有效地实施创业行为是新创企业战略规划需要解决的核心问题。

（二）创业战略的特征

创业战略作为一种应用于创业活动的战略，被赋予了较强的创业特征，这种特征也被称为创业战略态势。创业战略的三种特征，如图 6-1 所示。其中，创新性表现为企业产品、服务创新的广度与频率，以及相关技术领域处于领先地位，此外还包括管理与运营等方面的过程创新；前瞻性表现为企业预测新的获利机会，并积极参与新兴市场的竞争，以最快的速度去创新，并快速引入新技术，把新产品或服务推向市场；风险承担主要表现为对捕捉的机会

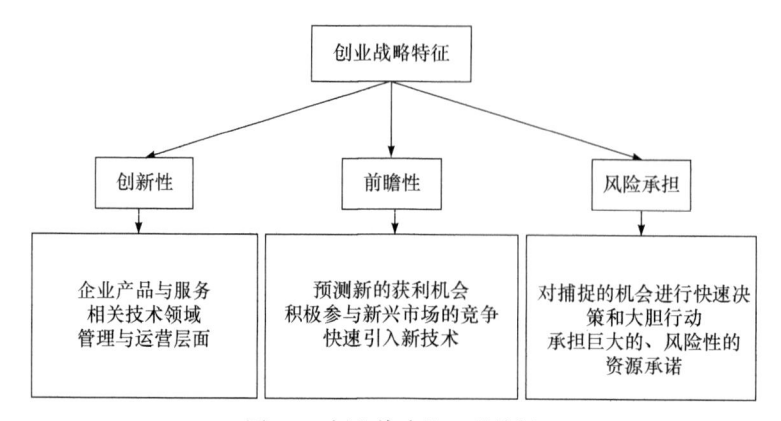

图 6-1 创业战略的三种特征

进行快速决策和大胆行动，愿意承受巨大的、风险性的资源承诺，愿意承担市场经营风险和财务杠杆风险等。

二、创业战略规划的必要性和特征

（一）创业战略规划的必要性

战略管理更多地关注如何在特定的市场和产业环境下获得竞争优势，创业企业更多地侧重于抓住别人没有发现或是开发不够的商业机会。因此，对创业企业实施战略规划，可以使企业既能够有效地发现新机会，也能够高效地开发机会并形成竞争优势，在此基础上还能持续保持创业精神。

首先，战略规划是整个企业行动的方向。创业企业由于受到资源和市场的限制，在其经营过程中可能面临很多不确定性，不同发展阶段的工作重点也应有所不同，当团队成员针对企业应该开展什么业务存在不同见解时，在开拓市场等行动上存在意见分歧时，战略规划可以有效地帮助团队成员统一行动的方向，达成一致的行为，从而齐心协力获得竞争优势。

其次，战略规划可以使创业企业的活动更具计划性，便于组织和有效管理。企业在进行战略规划前，首先需要对环境进行系统研究，寻找行动的方向，并围绕战略目标作出战略规划。尽管许多创业企业的战略规划相对简单，对总体战略考虑得较少，但对产品战略、技术战略、市场战略等都有较为详细的评估和权衡，也有详细的计划方案。这就使得创业企业的活动有章可循，便于创业企业更有效地组织管理和安排各项活动。

最后，战略规划有助于保障创业企业稳定经营。通过对目前我国创业企业进行分析，我们发现，创业企业的经营活动及其特点与创业者的特点密切相关。如果创业者性格相对保守，则可能错过许多具有潜在价值的项目；如果创业者具有较强的开拓进取精神，即使对市场机会的识别非常及时，但是在缺乏战略规划的条件下，也有可能由于对市场机会和风险分析不够全面而导致失败或者利用不足。因此，缺乏战略规划的企业表现出较强的行为随意性，或者前思后想不敢行动，或者实施孤注一掷的冒险行为，其结果具有较强的不确定性。尽管创业团队的构建有助于在一定程度上稳定创业企业的经营，但是如果创业团队整体素质欠佳，或者创业团队难以通过有效的配合达到高绩效，那么有效的战略规划可以在一定程度上保障创业企业的稳定经营。

可见，尽管创业战略规划需要消耗一定的资源，但是其可以使企业的活动具有方向性、计划性和稳定性，避免随意性，因此创业企业制定战略规划势在必行。

（二）创业企业战略规划的特征

创业企业是指处于创业阶段，属于高成长性与高风险性并存的创新开拓型企业。创业企业不等于高科技企业，也不等于中小企业。大企业集团也有再创业行为，只不过这种行为一般可内部解决。高科技企业和中小企业的战略管理更多关注如何在特定的市场和产业环境下获得竞争优势。创业企业战略规划的三个基本特征，如图6-2所示。

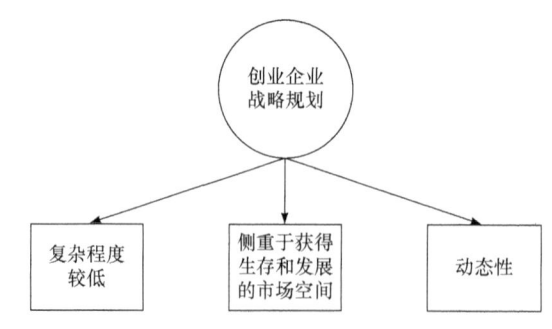

图 6-2 创业企业战略规划的三个基本特征

首先，创业企业战略规划的复杂程度较低。成熟企业的战略规划非常复杂，从其战略分析、选择、制定到实施需要进行严格的控制，而创业企业战略规划的难度和复杂性要大大降低。主要原因包括：其一，创业企业通常规模较小，产品开发和市场开拓行为处于摸索阶段，企业从事各项活动的不确定程度较高，因此很少有企业制定非常完整复杂的战略规划；其二，市场机会稍纵即逝，很多创业企业的成功在于迅速把握住某个市场机会，在此之前并没有时间和精力进行详细的市场调查，更不用说对整个行业的竞争结构进行分析。因此，对于创业企业而言，其创业计划介于不做计划与制订详细计划之间，并非没有计划，同时其规划的复杂程度相比成熟企业而言又大大降低。

其次，创业企业战略规划侧重于获得生存和发展的市场空间。成熟企业因其经营的稳定性，有条件进行详细的战略规划，在战略选择活动中，无论是在公司总体战略还是经营单位竞争战略选择上都会进行缜密思考，整体战略规划完整且全面。相比而言，创业企业面临的最严峻问题是生存，因此创业企业战略规划更侧重于获得企业发展所必需的资源，侧重于获得市场立足的空间，因此创业企业更多地考虑市场经营层面的竞争战略和技术创新战略，对于公司经营层面的整体战略则较少涉及。

最后，创业企业战略规划的动态性。创业者往往因为拥有某种优势、资源或机遇而创建企业，在成立之初根据其拥有的技术资源、吸引的人员、资金等资源条件制定战略，企业战略规划涉及的期限通常较短，也相对比较具体。随着企业的发展，内部资源条件发生变化，外界产业环境也发生了变化，企业必须结合内外部条件的变化进行战略调整，以适应发展的需要并能够及时把握商业机会，从而体现出企业发展路径与创业初期的明显差异。此外，企业后期的发展还与企业家的开拓精神和企业的技术学习能力有很大关系。因此，创业企业的成长过程可以看作企业不断调整战略以追求商业机会的过程。企业在成长过程中的不同阶段战略规划呈现出适应资源条件的动态性的特点。

（三）创业战略规划与传统战略规划的联系和区别

当前战略规划研究的主要对象是成熟企业，所以大量的战略规划实证研究和理论研究都将眼光放在成熟企业上。但对于新创企业而言，它们的成长和发展也离不开战略规划，需要通过战略规划来为其发展指明方向。这一点同成熟企业并无两样。此外，创业企业与传统成熟企业一样，战略规划的制定都需要在清晰认识企业外部环境和内在实力的基础上确定企业与环境的契合点，创业战略规划的制定需要新创企业在清楚地认识自身的资源、能力以及最佳外部环境基础上进行，企业自身的资源和外部环境都对企业的生存和发展起着至关重要的作用。创业战略的本质就是找到企业自身优势与外部机会的最佳组合方式和契合点。企业和外部环境是相辅相成的，因此二者的最佳组合方式和契合点并不是固定不变的，而是动态的变化组合。

创业战略规划与传统战略规划的区别在于，创业战略规划是战略管理和创业学的两个领域的融合，创业战略规划仍是一个较新的研究领域，其研究不能完全脱离传统战略规划的相关理论，但新创企业却体现出了较多的自身特征，使其创业战略规划与传统战略规划的差异较大。由于新创企业所处的发展阶段不同，其资源禀赋也存在差异，新创企业的战略目标、战略出发点以及具体的战略竞争方案的选择和制订，与成熟企业存在较多不同，但目前的研究常常忽略了这种差异。新创企业的创业战略规划与成熟企业不同，主要聚焦于竞争战略。新创企业是基于创业机会和资源整合而创建的企业，其短期的成长方向已经确定，同时，由于新创企业的新生弱性，能力和资源较为有限，初期的经营重点是迅速打开市场，并获得自身发展所需要的各种资源。此外，与成熟企业不同的是，成熟企业的战略规划通常会涉及产品多元化、发展方向和业务存在一定程度的不确定性等问题，这些都需要大量的资源，如管理、技术、人力、资金等资源的支持，但新创企业建立时间短、资源不足，因此成熟企业的战略规划不适用于新创企业，所以在创业战略规划的相关研究中，对于新创企业的战略规划研究主要是分析其竞争性战略。二者的联系与区别，如图6-3所示。

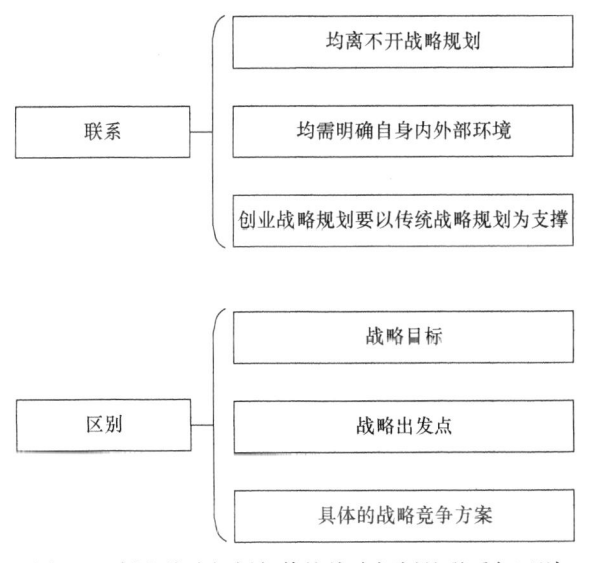

图6-3 创业战略规划与传统战略规划的联系与区别

三、创业战略的类型

（一）企业创业战略的三个层面

创业是一件比较复杂的事情，从前期的创立到中期的运营再到后期的坚持，其中遇到的事情是很多的。创业也是需要讲究战略的，创业战略包含三个层面，如图6-4所示。

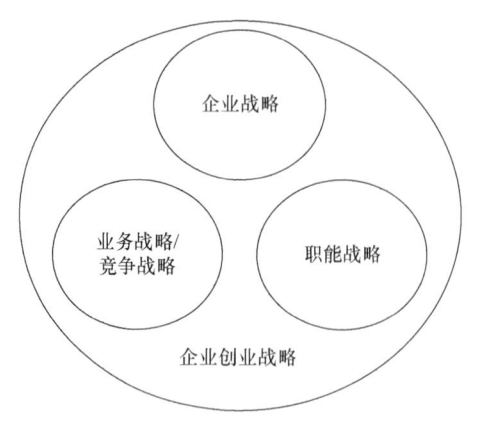

图 6-4 企业创业战略的三个层面

1. 企业战略

企业战略是指企业根据环境变化，结合自身资源和实力选择适合经营的领域与产品，形成自己的核心竞争力，并通过差异化竞争取胜。企业战略是企业各种战略的统称，其中既包括竞争战略，也包括营销战略、发展战略、品牌战略、融资战略、技术开发战略、人才开发战略、资源开发战略等。企业战略是与时俱进的，如信息化就是一个全新的战略。企业战略虽然有多种，但基本属性是相同的，都是企业的发展谋略，都是对企业整体性、长期性发展的谋划。它需要根据企业的目标，选择企业可以进入的经营领域，合理配置企业经营所必需的资源，使各项经营业务相互支持、相互协调，如在海外建厂、在劳动成本低的国家布局海外制造业务等。

2. 业务战略/竞争战略

企业业务战略是指把企业拥有的一切资产通过剥离、出售、转让、兼并、收购等方式进行有效的运营，以实现资本增值的最大化。该战略强调了各企业在各自产业领域中的生存、竞争与发展之道。如何整合资源、创造价值，以满足顾客需求，是业务战略关心的重点。公司的二级战略常常被称为业务战略或竞争战略。业务战略的制定涉及各业务单位的主管及辅助人员。这些人员的主要任务是将企业战略所包括的企业目标、发展方向和措施具体化，形成本业务单位具体的竞争与经营战略，如推出新产品或服务等。

3. 职能战略

职能战略又称职能支持战略，是按照总体战略或业务战略对企业内各方面职能活动进行的谋划。职能战略一般可分为生产运营型职能战略、资源保障型职能战略和战略支持型职能战略。职能战略是为企业战略和业务战略服务的,所以必须与企业战略和业务战略相配合,主要涉及企业内各职能部门,如营销部门、财务部门和生产部门等。

(二)创业战略的类型划分

创业战略的类型有多种划分方法,与创业战略的定义一样,学术界目前也没有一个统一的界定。在国外,Carter 等(1996)根据重心不同,把创业战略分为超级成就者、模棱两可者、质量支持者、价格竞争者、技术价值、利基承办商六种类型;Park 和 Bea(2004)则根据创业战略的特点把创业战略分为七类,分别是全球利基、反应型模仿者、创造性模仿战略、进口替代战略、早期进入市场、前瞻性本地化战略、全球创新者。在国内,谢广营等(2016)根据创业是否引发制度变革,将创业战略分为制度创业战略和一般创业战略。徐二明和谢广营(2018)则根据创业战略的创新性与前瞻性两个维度的不同组合方式,提出了升级战略、强入战略、利基战略、辟土战略四种分法。

创业战略在新创企业中的应用,就是为企业指明成长方向。对于新创企业而言,创业战略的作用表现为:在新的竞争环境下,在企业战略中注入创业精神,强调企业战略的创业导向,以帮助公司保持持续创新、获取竞争优势。对于成熟公司,创业战略是一种以公司内部发展为主要特征的增长战略,以便企业通过创新和创业活动积极挖掘公司内部资源优势,充分利用外部环境,从而在现有资源的基础上谋求更大的发展空间。无论是指明发展方向还是为获取竞争优势抑或是更大的发展空间,创业战略的划分都是为了方便企业根据自身的特点选择合适的类型,而对其应用则是为了使企业有更好更长远的发展。

不同的初创公司,不同的发展阶段,所采用的战略类型组合也各不相同。目前适用于主流的创业企业的战略分类,一般认为是 Porter 提出的通用战略模型,如图 6-5 所示。

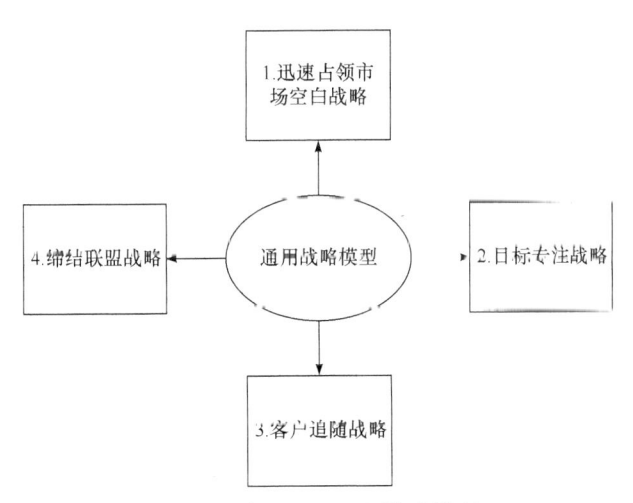

图 6-5 创业企业通用战略模型

（1）迅速占领市场空白战略。与大公司相比，初创企业通常规模较小，竞争力较弱，但正因如此，初创企业的组织方式更为灵活，能够更为快速地响应市场的变化。创业企业应该充分利用自身优势，尽快发掘并迅速投入一些大企业不便或不屑进入的狭小行业和领域，抢占先机，获得发展。

（2）目标专注战略。由于资源和能力相对有限，初创企业应根据自身优势，集中有限的人力、物力等资源，选定并专注于某个或有限的某几个能够发挥自身优势的行业或领域，并着力发展。

（3）客户追随战略。这种战略认为，只要客户量足够多，企业就能存活，其核心是发展客户，通常采用的措施是通过优化某种特殊的产品或服务，最大限度地满足客户的需求，以此扩大忠实的客户群体。

（4）缔结联盟战略。初创企业在激烈的市场竞争中难以存活，为了更好地生存和发展，初创企业之间通常会互结联盟，取长补短，共同开发市场、积累资源，实现共同成长。

四、创业战略的实施

目前关于创业战略的研究还没有深入，多停留在创业战略概念的介绍、创业战略类型的理论探讨、创业战略相关因素的挖掘与实证等方面，对战略选择影响因素的研究不多。Gans等（2019）提出，企业家面临的核心挑战是如何选择战略，即企业家经常面临将其想法商业化的潜在战略选择问题。但由于资源有限，无法一次性追求所有战略，尤其是当进入新的领域时，企业家必须在高度不确定的条件下进行战略选择。Gans 等进一步研究发现，该过程通常不会产生某一最佳策略，而是会产生几个同样有吸引力的战略替代方案。最后得到的结论是，企业家不能简单地选择不做什么，而是必须主动决定在选择创业战略时留下哪些同样可行的替代方案。战略实施应遵循的原则以及创业战略的制定，如图6-6所示。

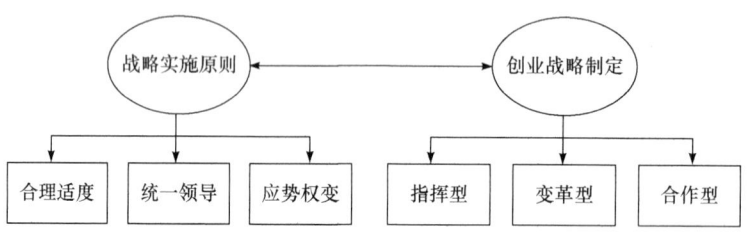

图 6-6 创业战略实施原则及创业战略制定

（1）战略实施原则。创业企业在实施战略时，为将战略的作用与价值充分发挥出来，就需遵循以下原则。一是合理适度的原则。在实施战略时，由于内外部环境可能会发生较大的变化，执行人员需要进行创新与改革，合理改变战略内容，以确保不对企业总体目标造成影响。二是统一领导的原则。在实施战略时，创业企业的领导阶层应统一领导，确保资源分配、组织调整、制度建立及信息沟通等工作协调进行。三是应势权变的原则。在实施战略过程中，不可避免地会出现实际与假设不同的情况，创业企业此时就要适当调整之前的战略计划，不断促进企业应变能力的提升。

（2）创业战略制定。创业企业将战略付诸行动的阶段为实施阶段，企业领导人员应以自身具体情况为依据，选择合适的战略模式，推动战略管理的实施，并使其发挥应有作用。创业企业可选择的战略实施模式主要包括三种：一是指挥型。此种战略实施模式指的是创业企业管理人员制定出科学可行的战略后，要求全体员工严格实施战略计划，并在实施战略过程中对各种信息及时进行搜集与掌握。二是变革型。此种模式指的是创业企业的管理人员将实施战略作为工作的核心，并在各部门的共同协助下，随着企业内外部环境的变化而建立新的信息系统及组织机构。此外，管理者通过采取新的激励方式，将投资者和员工的热情充分调动起来，促进战略实施成功率的提高。三是合作型。此种模式是指创业企业管理人员引导员工对有关战略的制定与实施问题展开讨论，并听取他们合理化的意见，确保作出全面、准确的决策，从而促进战略的有序实施。

创业战略虽涉及创业与战略的交叉，但无论从战略的创业化，还是创业的战略化路径来说，其本质都是一种战略。在创业这一特殊情境下创业企业可能面临高度不确定性与较强的资源约束性，因此创业战略在细节上与传统战略有所不同，但它的制定仍可以借鉴传统战略的制定方式。

在战略保障方面，我们可以从创业战略的发展模式出发，对创业战略进行风险-收益分析，重点把握创业战略的两个重要支持要素——资源和人才，或者以绩效为导向，增强组织结构与创业战略的匹配性，用薪酬体系对创业战略进行强化。对于资源匮乏的中小企业来说，把握创业机会是创业者制定创业战略并实现企业良性发展的重要内容。实施企业创业战略是企业资源和能力重新组合的过程，持续的内创业将带来组织运行方式的深刻变革，人力资源管理者则是保障和推动这一过程的关键角色。

第七章
创业与技术创新

作为企业应对不确定环境的两种重要战略选择,创业与创新既是企业的两种创造性经济活动,也是企业保持活力和获得竞争优势的重要手段,但是这两个概念经常引起人们的混淆。

一、创新的内涵与本质

1. 创新的概念

"创新"在《现代汉语词典》(第7版)的词义为抛开旧的,创造新的。《韦氏词典》中,对"创新"的定义包括两条:①新事物、新思想或新方法的创造;②新思想、新方法或新工具。可以看出,创新强调通过创造产生与以前不同的东西,其成功与否主要看是否取得了新的突破,这是从技术角度考虑创新。早期的"创新"主要指制度层面的改造、变革、革新,并不包括科技层面的创新。而我们日常所讲的创新是一个更宽泛的概念,包括一切新事物或新现象的创造,如产品创新、市场创新、组织创新、管理创新、制度创新、观念创新、文化创新、技术创新等。

国外学者对于创新的认识较早,也较为成熟。经济学家 Schumpeter(1934)是最早提出创新概念的人,他在著作《经济发展理论》中提出,创新是在生产体系中引入一种新的组合,这种组合是由全新的生产要素以及生产条件构成的。换句话说,就是一种新的生产函数的建立,任何要素的改变都会导致生产要素与条件的重新组合,形成推动经济发展的动力。他还从企业角度提出了创新所涉及的五个方面:采用一种新的产品或一种产品的新的特性、采用一种新的生产方法、开辟新市场、寻找新的原材料供应方式和途径并采取新的控制方法、实现一种新的组织方式。"现代管理学之父"Drucker 在著作《创新与企业家精神》中对已有的创新理论进行了深入阐释和发展,分析了创新的 7 个来源。学者 Mansfield(1968)将创新定义为一种探索性活动,这种探索性活动的重要前提就是要完成对新产品的构思,活动所要实现的目标就是生产、销售新产品并从中获利。Freeman(1982)对于技术创新有着自己独到的见解,他认为,技术创新的一个重要目的就是能够获取利益,利益的获取是通过新技术、新工艺、新产品的商业化来实现的。

国内学者对创新理论的研究始于 20 世纪 80 年代,最早是在技术领域探析创新内涵的。比如,清华大学教授傅家骥(1998)将视角聚焦于企业,认为创新是一种企业家行为——企业家抓住市场潜在机遇,通过重组生产要素以更高效率、更低成本的生产经营方法推出新的工艺和产品并开拓新的市场的过程。许庆瑞和吴志岩（2014）对技术创新的概念进行了一定程度的拓展，他认为，在技术创新的过程中会形成一种新的思想。李景芳和李建华（1999）将创新定义为通过重组生产组织和要素，进一步优化生产环境、提升生产效率、增加生产利润的过程。张立昌（1999）认为，创新是指淘汰落后的东西、创造先进的东西的过程，是事物内部新因素通过斗争战胜落后因素最后发展为新事物的过程。随着创新理论的不断丰富和发展，许多复合概念成为研究的热点之一。比如，在生态学的视角下研究创新生态系统、区域创新多样性、创新文化；对企业层面的跨界创新与微创新进行研究；从国家层面对创新平衡性与科学技术创新进行研究。

综上所述，笔者将创新定义为企业在发挥主观能动性和创造力的基础上对生产中各要素进行组合调整以融入新的创业生产中，通过变革生产力、降低生产成本、提高生产效率、增强生产效能以创造出市场所需要价值的综合过程。

2. 创新的衡量标准

美国经济学家Solow（1957）首先提出可通过分析技术创新对经济增长的促进作用得出技术创新绩效，因为技术创新最终表现为对经济增长的促进。袁桂秋和杨宪冬（2016）认为，技术创新活跃度主要是指一个企业或者一个行业是否不断创新，是否积极地推动新产品问世以及革新技术。他们利用专利授予数这一指标实现对技术创新活跃度的量化，通过量化的技术创新活跃度可以直观地了解不同地区在技术创新方面的水平。实证分析结果显示了技术创新具有两个特性——"二八"聚集效应与路径依赖，其中"二八"聚集效应，即20%的企业拥有80%的专利，且这个数量还在持续增加，从而产生聚集效应。李胖文等（2016）将发明专利的存量按照一定的折旧率进行计算，然后将其与工业的增加值做除法，得到的比值即技术创新活跃度。除了对技术创新的活跃度展开研究外，创新驱动力、创新能力、创新质量等也是众多学者的研究重点。邸晓燕和张赤东（2017）与杨浩昌等（2021）分别从企业层面与区域层面对创新驱动力展开研究。马歆等（2019）从技术、产业、制度创新三个维度探究区域创新能力。对于区域创新质量的评估，学者黄鲁成等（2020）提出了自己的见解，他们认为，对于创新质量应该从社会环境、过程、结果与效应质量四个方面评价，最终他们发现我国创新质量较低。

二、创业与创新综述

创新与创业尽管各自有着明确的研究边界，但同时也存在着密不可分的内在联系，它们是两个既有联系又有区别的概念。创新是创业的基础和灵魂，创业是实现创新的过程。对创新与创业关系的研究可以追溯到经济学大师Schumpeter。Schumpeter（1934）从技术创新的角度阐述了创新与创业的关系，认为创新是创业的本质和源泉，创业是创新的载体和表现形式，创新只有通过企业家创业才能实现其更大的价值。狭义上，创业是指个人或组织创建一个新的企业。广义上，创业是指主体创造新事业的过程，该主体可以是个人也可以是组织或国家。创新就是打破旧传统、创造新事物的过程，其价值体现在创业上。在信息化、经济全球化的背景下，二者相互作用，对于创新与创业的理论发展和实践应用，对于构建创新型国家，对于推动企业进行技术创新、高等院校进行教育创新以及创新型人才的培养等具有深远而重大的影响。

（一）创新与创业的关系

张秀娥等（2016）将创新与创业的关系概括为两个方面：其一，二者是一种包含关系，如创新是创业的本质与内核，创业是创新的表现形式，是创新的外壳；其二，二者是一种共存关系，如创新的价值必须通过创业来体现，创新需要通过创业实践去训练（寻找创新源泉）并遵守规则（创新的原则与条件），持久创业的基础源泉是创新，创业最终成功与否都取决于创新。赵伟（2006）梳理了创新与创业的概念性关系，认为创新与创业是一对既紧密相关而又存在不同之处的概念。一方面，创业需要创新，创新是创业的源泉，创业通过创新拓宽商业视野、推进企业成长，虽然创新不是创业的唯一途径，但是创新特别是可持续创新可以不断创造竞争优势，进而推动创业的成功；另一方面，创新必须关注市场需要，因为创业为创新的成功创造了条件并且推动创新成果产业化，继而产生经济效益。此外，新技术或发明能不能转化为产品，能不能产业化、市场化，还要经过创业才能实现。可以说，创新只完成了一半，如果没有创业，就可能半途而废。总结现有的研究成果，可发现创新与创业还存在着互补与并行的关系，具体见图 7-1。

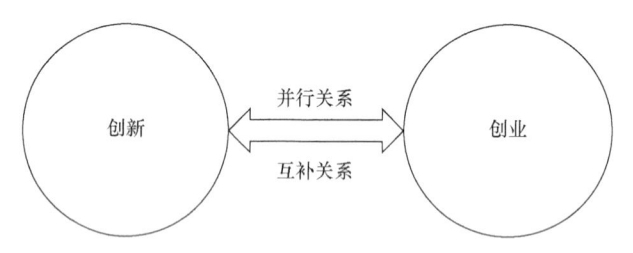

图 7-1 创新与创业的相互关系

1. 创业与创新的互补关系

创新与创业共同存在于事物发展的过程中且有着相同的根源，创新与创业是孪生关系，二者便天然地联系在一起，它们可以被视为一种持续与互补的关系，即创新是创业发展的动力源泉，创业使创新得以快速发展。例如，目前国内外学术界将创新和创业教育结合起来，统称为创新创业教育。创新创业教育是指以培养具有创业基本素质、开创型性格的人才为目标，以培养学生的创业意识、创业精神、创新创业能力为主的教育，且面向全社会、针对打算创业、已创业、成功创业的创业群体，分阶段、分层次地开展创新思维培养和创业能力提升的教育。

2. 创新和创业的并行关系

所有成功的企业家们都会经过系统性的创新实践，所以不能脱离创业谈创新。创新和创业活动与经济增长之间存在积极的关系，能够形成良性循环，即好的创业和创新活动将会使经济活动得到增强，而经济活动也会对创新和创业活动产生积极的影响。王文华等（2016）认为，创新更加注重创造性和新颖性，创业更加强调主体对市场机会的敏感性，创业的基础和前提是创新，没有创新就很难实现成功创业。

（二）创新创业理论

创新创业是指基于品牌、组织、技术、产品、服务、商业、管理等进行创新的创业活动，既不是单指创新，也不是单指创业。创新强调的是开拓性与原创性，创业强调的是营利性和市场空间。创新创业既区别于强调开拓与原创的创新，也区别于强调通过实际行动获利的创业，其是在创新基础上进行创业的行为。由此可见，在创新创业理念中，创新是创业的基础和前提，创业是创新的体现和延伸，两者相互协作、共同发展。需要注意的是，创新创业包含的创新不只是技术层面的创新，还包含了管理、科技、运营流程、营销等方面的创新。

创新创业具有高风险、高回报、双向促进等典型特点。①高风险。创新创业是建立在创新基础上的创业，但是创新受到人们现有认知、行为习惯等的影响，会面临不被接受的阻碍，因此创新创业比传统创业具有更高的风险。②高回报。创新创业是通过对已有技术、产品和服务的优化组合实现对现有资源的更优化配置，能给客户带来更多的新价值，从而开创所在创业领域的"蓝海"，获取更大的竞争优势，也获取更多的回报。③双向促进。创新创业是在创新基础上的创业活动，创新是创业的基础和前提，创业又是创新成果的载体和呈现，并在创业活动过程中不断优化资源配置、总结提炼，以实现创新的更新与升级。创新带动创业，创业促进创新。

创新创业与传统创业的本质区别在于创业活动中是否存在创新性因素，即商业模式与科技的融合是否更能降低交易成本、提高利润。近年来，我国相继出台一系列政策支持创新创业活动，这对进一步推动供给侧结构性改革、落实创新驱动发展战略起到了至关重要的作用。随着创新创业活动的迅猛发展、环境平台的持续完善、参与主体的日益多元，现阶段我国创新创业的理念愈加深入人心，社会氛围日趋浓厚，各类项目的实施取得显著成效。

（二）创业与创新协同发展

2018年国务院印发的《关于推动创新创业高质量发展打造"双创"升级版的意见》明确指出，"推进大众创业万众创新是深入实施创新驱动发展战略的重要支撑、深入推进供给侧结构性改革的重要途径"[1]。2020年国务院办公厅印发的《关于提升大众创业万众创新示范基地带动作用 进一步促改革稳就业强动能的实施意见》明确提出，"巩固壮大创新创业内

---

[1] 国务院关于推动创新创业高质量发展打造"双创"升级版的意见[EB/OL]. https://www.gov.cn/zhengce/content/2018-09/26/content_5325472.htm，2018-09-26.

生活力","发挥多元主体带动作用,打造创业就业重要载体"[①]。可见,创新创业对于企业持续发展甚至是国家体制改革具有重要的推动作用,是实现经济高质量发展的重要引擎。然而,GEM 发布的《2020—2021 年全球创业经济报告》显示,中国创业企业的创新性整体偏低。因此,如何提高创新型创业企业的能力,成为目前中国需要解决的重要问题。

随着以人工智能、大数据、云计算等为主导的新一轮科技浪潮的到来,创新创业的形式也悄然发生变化。新创造发明的技术、产品或服务需要结合企业生产过程,这会产生创业过程,反之创业过程要想成功占领市场,则需要开辟"新思维、新方法和新产品",这需要进行创新,而两者的相互渗透、相互影响无疑会促进二者的耦合发展。创新创业的耦合在实践中具体表征为创新与创业系统耦合协调。

其一,在宏观层面上,有效的创新系统能够发挥事前筛选、过滤作用,也能够发挥事后改进、监督作用,并为创业系统提供信息、技术、人才及经验等前端支持,从而带来创业质量和效率的提升;反之,高效的创业系统能够发挥事前导向、加速作用,也能够发挥事后反馈、调节作用,并为创新系统提供高额的风险回报空间(甚至带来超额利润),从而促使创新系统更具动力,如此往复可以促使创新系统与创业系统耦合协调发展。二者的宏观耦合机制具体见图 7-2。

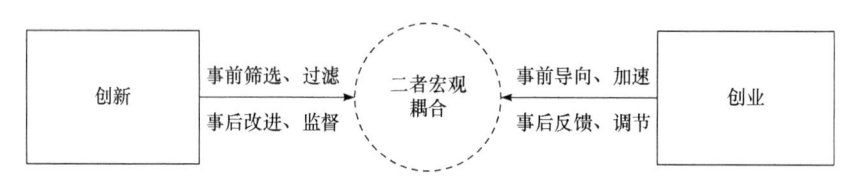

图 7-2 创新与创业宏观耦合机制

其二,在微观层面上,创新系统需要优化资本配置,需要创业者精准把握市场需求、丰富自身知识储备,在创业过程中积累管理经验,以便提高创业成功率,最终表现为创业资本回报率的提高;创业系统本身具有高度不确定性和高风险性,因此根据风险与收益的正比关系,创业资本可以从创业系统得到更高的资本回报率——这与创新系统带来的结果一致,从而实现与创新系统的耦合协调。二者的微观耦合机制具体见图 7-3。

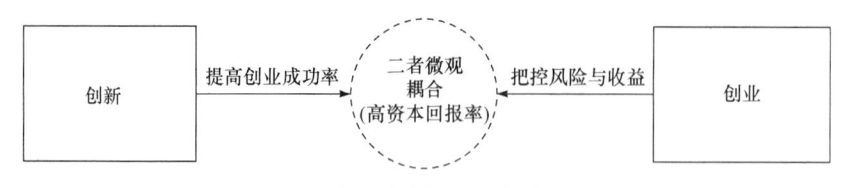

图 7-3 创新与创业微观耦合机制

因此,无论是宏观层面还是微观层面,创新系统与创业系统无疑可以相互配合、相互促

[①] 国务院办公厅关于提升大众创业万众创新示范基地带动作用 进一步促改革稳就业强动能的实施意见[EB/OL]. https://www.gov.cn/zhengce/zhengceku/2020-07/30/content_5531274.htm, 2020-07-30.

进，耦合发展。

三、技术创新与技术创业

1. 技术创新

创新中最受关注的是技术创新，英文为"technological innovation"。技术创新指改进现有或创造新的产品、生产过程或服务方式的技术活动。重大的技术创新会导致社会经济系统的根本性转变。一般认为，技术创新包括产品创新和工艺创新两种。经济合作与发展组织将技术创新定义为新产品和新工艺的出现，以及产品和工艺发生显著的技术变化。技术创新是企业实现生存、发展的一个重要工具，企业是技术创新的主体。对企业而言，技术创新并不以刻意追求技术"第一"为标准，而是以市场的承认度和占有率为评价标准。技术创新不仅包括对过去某一种设备、某一工艺方法上的改进，而且包括从研究与开发新的产品或采用别人的研究与开发成果入手，经过中间试验、进行技术改造、建成新的生产线、批量生产出产品，再用先进的营销手段，使其实现商业化的全过程。Freeman（1982）指出，任何创新理论必须同时考虑技术和市场这两个因素，技术创新是技术和市场相互匹配的过程。

在对企业技术创新的分类中，冯海暴（2018）结合建筑学的实际特点将创新划分为三类。第一类是传统技术创新，将传统技术不断升级改造，不断优化新版本，使新产品和新技术不断更新换代和进步发展，使创新达到预期效果。第二类是重大创新工程技术的创新，此类技术创新是指依托大型创新工程，根据具体的现实情况开展具体的创新工作，其创新能力直接决定着项目的成败。第三类是前瞻性技术的创新，该类技术的创新是基于企业的战略规划和转型升级的发展方向而开展的技术创新，储备合理的创新技术，将其用于抢占相关领域或行业的市场，也是为国家和企业战略发展而开展的技术创新。

技术创新对企业发展的直接影响主要体现为以下几个方面。

其一，技术创新投入对企业发展的影响。在有关技术创新与企业发展的文献中，内部研发投入对企业发展影响的研究是最丰富的。大多老牌企业投资于内部创新以改善其现有产品，而新企业则投资于外部创新以获得新的产品线。海外研发外包模式对企业销售增长会产生两种正向影响：一方面，海外研发外包可以提高技术创新的效率和灵活性、增加进入新市场的机会；另一方面，海外研发外包有利于技术创新的成功实现，也会对企业发展产生积极影响。企业可以通过技术专业化发展规模经济，但是随着技术多元化，企业将会不断接触到来自新技术领域的新知识流，这将对企业的知识吸收能力和组合能力造成压力，且由于狭窄技术领域的增长机会变得稀缺，以及随着研发投资的边际回报减少，非相关技术多元化会对企业发展造成不利影响。

其二，技术创新类型对企业发展的影响。①产品创新是市场领域竞争更直接的手段，被认为与企业销售增长有更强的积极联系。②过程创新主要是通过优化生产流程、降低成本促进企业销售增长。③探索式创新依赖于新的技能和流程，以提供新的设计、创造新的市场或建立新的合作伙伴关系来满足当前的需求，从而使企业在已有市场中占据差异化优势，对企业发展更有利。④原始创新可以更大限度地掌握差异化的资源，并增强竞争力，是企业增长的引擎。⑤模仿创新扮演着技术传播的角色，没有模仿创新，原始创新的利益就无法在经济发展中得到广泛分享。⑥自主创新对企业构建核心技术、开拓市场、塑造品牌形象和提升知名度等均起着非常重要的作用，有利于促进企业发展。但自主创新要求企业投入较多资本，并且回报周期较长，可能增加企业破产的风险，一旦企业不具备高风险承担能力，自主创新反而会对增长产生负面影响。⑦内向开放式创新是指企业整合内外部技术知识和创新资源，以实现技术成果商业化创新。⑧外向开放式创新被定义为企业为追求技术商业化，将其技术知识向外部转移以获得货币或非货币利益。但少数学者认为，如果企业吸收能力不足、缺少开放的文化和知识治理模式，就很难从开放式创新中获利，也无法获取增值。⑨绿色技术创新往往涉及巨大的资金投入，短期带来的成本节约无法超过其投入，效率低下并使生产力遭受损失；由于技术本身的溢出和扩散效应，企业绿色技术的发展客观上降低了竞争对手的边际成本；进行绿色创新的企业更具有社会责任意识，企业利润可能会下降。不同类型的技术创新对企业发展的影响见表 7-1。

表 7-1 不同类型的技术创新对企业发展的影响

类型	概念	影响机制
产品创新	创造某种新产品或对某一新产品或老产品的功能进行创新，分为全新产品创新和改进产品创新。全新产品创新是指产品用途及其原理有显著的变化。改进产品创新是指在技术原理没有重大变化的情况下，基于市场需要对现有产品所作的功能上的扩展和技术上的改进	产品创新是市场领域竞争更直接的手段，被认为与企业销售增长有更强的积极联系。创新中若不重视产品组合战略，则企业可能不会得到发展
过程创新	过程创新是以创造全新或改进的生产或服务过程为目的的创新，主要是通过优化生产流程、降低成本来促进企业销售增长	主要通过降低成本实现企业效益增长，同时，产品创新和过程创新结合则可以更好地促进企业发展
探索式创新	在原有产品或技术水平上实现突破，是一种颠覆性的创新，往往需要较多的投入，存在较高的风险，同时也能获取较高的收益	依赖于新的技能和流程，以提供新的设计、创造新的市场或建立新的合作伙伴关系来满足当前的需求，从而使企业在已有市场中占据差异化优势，对企业发展更有利
原始创新	独立开发一种全新技术并实现商业化的过程，具体指前所未有的重大科学发现、技术发明、原理性主导技术等创新成果	更大限度地掌握差异化的资源，并增强竞争力，是企业增长的引擎
模仿创新	通过模仿而进行的创新活动，一般包括完全模仿创新、模仿后再创新两种模式，另外模仿创新还具有积极跟随性等特点	一方面，可以降低企业不必要的探索和试错成本，提高企业经营效率和盈利能力；另一方面，促使企业在资源有限的前提下有针对性地进行创新，形成企业在产品性能、价格等方面的竞争优势，依靠高性价比获取市场份额，从而促进企业增长
自主创新	以人为主体积极、主动、独立地发现、发明、创造的活动；依据内容可划分为自主科学创新与自主技术创新，依据主体可划分为个人自主创新、企业自主创新、国家自主创新、民族自主创新	主要通过构建核心技术、开拓市场、塑造品牌形象和提升知名度等来促进企业发展

续表

类型	概念	影响机制
内向开放式创新	企业利用外部知识源，包括供应商、客户、竞争者、咨询公司、研究机构、大学或者政府等，将企业外部有价值的创意、知识和技术整合到企业内部以实现商业化、增强企业创新能力的过程	企业整合内外部技术知识和创新资源，以实现技术成果商业化创新
外向开放式创新	企业为追求技术商业化，将其技术知识向外部转移以获得货币或非货币利益	存在知识产权被披露的风险，但可以通过提高企业声誉、开拓新的企业市场，使企业占据优势地位
绿色技术创新	遵循生态原理和生态经济规律，节约资源和能源，减轻、避免或消除生态环境污染和破坏，是生态负效应最小的"无公害化"或"少公害化"的技术、工艺和产品的总称。其内容主要包括：污染控制和预防技术、源头削减技术、废物最少化技术、循环再生技术、生态工艺、绿色产品、净化技术等	以保护环境为目标的管理创新和技术创新，通过生态创新实践来提高资源生产率以抵消环境成本，可以提高企业的声誉，实现企业销售额的增长

其三，技术创新产出对企业发展的影响。技术创新产出存在异质性，主要表现为知识、技术能力等无形资产以及专利、新产品等可见成果，不同形式的技术创新产出对企业发展也会产生不同的影响。企业增长有三种模式，即收敛增长模式、持续增长模式和恶性增长模式。收敛增长模式指企业增长率随着企业成立年限的增长而下降，这种模式在低技术提升能力的企业，特别是在技术驱动较少的行业中较为常见。在具有高技术提升能力的企业中，持续增长模式与恶性增长模式的区别在于技术知识的初始存量、技术淘汰率和技术环境质量等不同。

2. 技术创业

技术创业是创业的特殊形式，是技术开发及其商业化的重要方式。技术创业利用科学和工程上的突破性提升为顾客提供更好的产品和服务。Garud 和 Karnøe（2003）认为，技术创业不仅包括机敏的个人发现已经存在的机会和推测其未来发展趋势，而且包括通过整合和转移现有资源创造新机会的过程。Shane 和 Venkataraman（2000）则将技术创业定义为创业者利用创业公司现有的资源、技术系统和战略以获取商业机会的过程。Antoncic 和 Prodan（2008）将技术创业定义为现有组织内一个或一群技术创业者建立并管理一个以研究、发展、创新和技术为基础的企业的过程，这一过程也包括承担风险。

技术、创业、创新的关系，如图 7-4 所示。说明如下：其一，技术创业一定围绕并包括"新"的要素，如新的资源配置方式等；其二，技术创业是技术和市场相匹配的过程，包括技术机遇的识别以及市场机会的识别、把控和实现；其三，技术创业是技术、创业和创新三者交集产生的部分。技术和创新的交集Ⅲ为技术创新的内容，而技术与创业的交集Ⅱ为一般创业，创业与创新的交集Ⅰ为普通创业或创新。只有同时具备了技术、创新和创业三个方面的特征才叫技术创业。

技术创业在推动企业转型升级方面发挥着重要作用。首先,新创企业建立在技术创新、成果开发的基础上,往往具有较高的技术水平和较强的竞争力,使其获得的市场份额不断扩大,迫使绩效差和技术水平低的企业逐步退出市场。其次,新创企业把新技术和新产品引入市场后,其他企业会对新技术和新产品进行模仿以提高自身竞争力。最后,面对新创企业进入的威胁,企业倾向加大技术创新力度和提高技术水平,制造新企业进入的技术障碍,阻止新企业进入。以上三方面的原因使产业总体技术水平不断提高,推动产业升级。总的来说,技术创新为企业家创造出创业机会,但技术创新能否产生经济效应还有赖于企业家的技术创业;一个地区的技术创业活动越活跃,技术创新成果的需求越旺盛,技术创新的经济效应越明显,从而能够加速产业升级,这也表明技术创新对产业升级的贡献取决于企业家技术创业的活跃度。

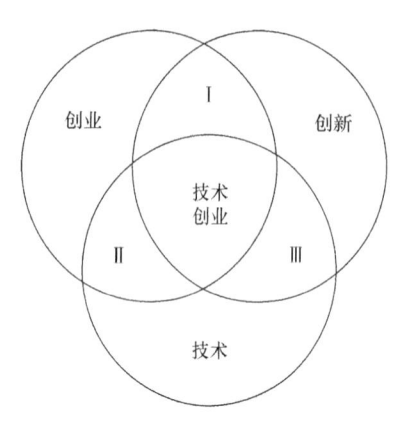

图 7-4 创业、创新、技术三者关系

技术创业是利用或运用某一种专业技术开展的创业实践活动,主要具有三个基本特征,具体见图 7-5。

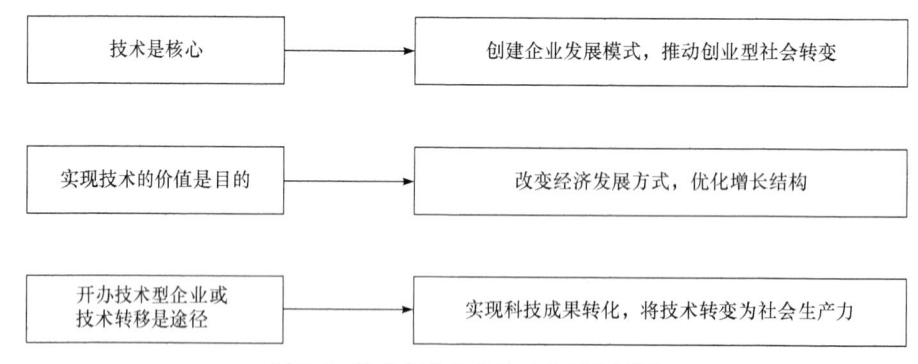

图 7-5 技术创业具有的三个基本特征

(1)掌握一定的技术知识或具备技术能力。在推动创业型社会转变的过程中,高新技术发挥着重要作用,在其发展模式的构建中,技术是核心。此外,技术创业人才是技术创业的核心;技术创业者,即掌握一定的技术知识或者具备技术能力,能够发明新技术或者将新技术商业化的人,包括科研人员、高校教师、学生等。

(2)实现技术的价值是技术创业的目的。美国作为创业教育的发源地,其创业活动对改变本国乃至世界的经济发展方式、优化增长结构都具有重要意义,在这个过程中,技术创业发挥着不可替代的作用。

(3)开办技术型企业或技术转移是其实现价值的途径。技术创新和技术研发对于社会经济发展是远远不够的,实现科技成果的转化,将技术转变为社会生产力才最为重要。而创办技术型企业或者实现技术转移则是技术创业的主要实现途径。以美国奇点大学为例，为实现技术成果的转化，推动科研成果转化为现实生产力，美国奇点大学在全球企业、社会机构中寻求合作伙伴，与谷歌、思科等世界 500 强企业建立长期合作关系，不断开展企业项目交流、创新计划交流等活动，借此实现技术转移。

目前我国技术创业领域研究过程中关注和持续探讨的重点问题主要包括以下几个。

第一，新时期技术创业的发展逻辑。我国技术创业早期诸多研究多侧重技术推动而忽略了市场拉动，因此出现了技术成果较多但是商业化转化率较低的现象，后来研究开始逐步进行了逻辑优化。随着技术和市场的逐渐融合发展，技术创业全链条逐渐贯通，研究者开始注重创业教育并将技术创业作为一套系统化的体系进行研究。

第二，构建跨领域、跨专业深度融合的技术创业体系。考虑到技术创业跨领域、跨层次的综合性特点，并且各大集群各自存在自身优势，转化的"碎片化"现象较为普遍，因此技术创业应该更加致力于多维合作研究和实践，重视和厘清技术创业商业化规程，探讨和形成良好的技术创业生态环境，建立产学研知识联盟以系统性地探索和解决"碎片化"的现实问题。

第三，技术创业在技术创新和产业升级之间的桥梁作用。新时期，我国经济社会发展正处于新旧动能转换和产业发展转型升级的关键时刻，如何践行高质量发展成为社会热议的话题，而重视技术创业领域的研究工作，必然能够创新升级，从而促进产业健康、融合、可持续发展。

3. 技术创新与技术创业的关系

与创新与创业相同，技术创新与技术创业是既密切相关而又相互区别的两个概念。技术创业和技术创新是两个跟创造和技术都有紧密联系的概念，但技术创业强调创造新的事业，而技术创新则强调创造新的产品或工艺。罗伯特等（2004）认为，技术创业是创建新的资源组合，使创新可以实现的一系列活动，它以一种可以营利的方式把技术和商业结合起来。技术创新对产业转型升级起着强有力的推动作用，而且这种推动作用不是技术创新单独发挥作用，而是与技术创业共同作用，从而产生更强大的经济效应。技术创新与技术创业二者关系见图 7-6。

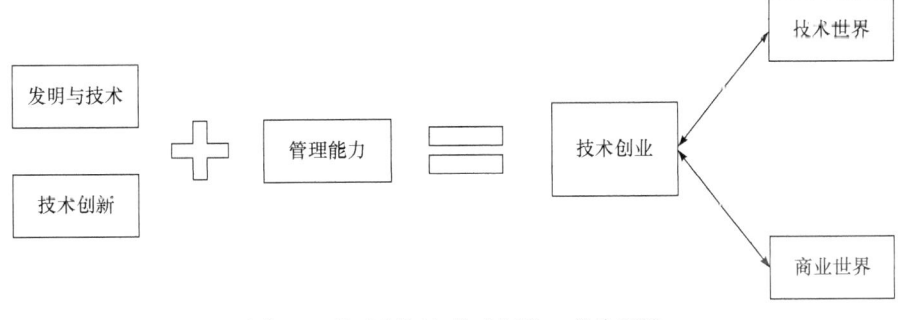

图 7-6 技术创新与技术创业二者关系图

其一，技术创新与技术创业的联系。一方面，技术创业包括技术创新，但技术创业者也可以利用他人的技术创新成果开展市场开发活动，即技术创业可以不进行技术创新活动，而只是利用技术创新结果开发市场。另一方面，技术创业一定包括创新活动，如果没有创新，连创业都算不上，更别说是技术创业了。可见，技术创新能为企业的技术创业提供机会，而反过来技术创业也可以为一个地区有效发挥技术创新的经济效应提供动力，所以说技术创新与技术创业是相互作用、相互促进的，从而进一步促进产业转型发展，但是，技术创新对产业转型升级的贡献度要高于技术创业。因此，我们也可以认为技术创新与技术创业的相互作用更多地表现为技术创业对技术创新经济效应具有一定调节作用，技术创业的活跃程度越高，其对技术创新成果的需求就越大，技术创新成果产业化的可能性也越大，技术创新对产业转型升级的贡献也随之得到提高。例如，一个企业通过购买先进企业甚至是技术较成熟的外国企业的技术进行生产加工，如果在这个过程中该企业只是一味地复制他们的先进成果，没有创新，那么将只能是模仿，就不是技术创业；只有在学习的过程中不断吸收外国先进技术，通过消化与转型，形成自身独特的核心竞争优势，才可以称之为技术创业。

其二，技术创新与技术创业的区别。一方面，技术创新活动是指企业不断进行产品或工艺的改进，其结果是新产品或新工艺的产生；而技术创业活动是指企业针对一项新产品或新工艺不断开发其商业用途。另一方面，技术创新是发现并开发技术的新用途，而技术创业是考虑如何实现这些新用途，所以可以用专利衡量企业技术创新的程度，用新事业数量来表示技术创业的程度。

可见，创新与创业是两个相互联系而又相互区别的概念，技术创新与技术创业在企业发展中扮演着重要角色，但二者存在较大的差别，同时二者承担的任务也不同。因此，在进行新创企业活动时，既可以侧重创业，也可以侧重创新，抑或是侧重创新与创业的组合活动。

第八章
创业与商业模式设计

商业模式是企业在动态环境中，以一定内部结构为基础，充分利用自身具备的资源，在特定信息流、物流以及资金流等商业流程中，实现价值创造，同时将投资收回并获取利润收益的一套完整解决方案。创业企业不但要能甄别一个有利可图的行业、产业，还需要审视企业各个组成要素，并根据它们之间的关系构建一个独具竞争优势的商业模式。同时，外界对成功商业模式的快速复制以及日益激烈的竞争，更是迫使企业不能满足于现有的模式，而必须时刻注意整合、创新商业模式。只有不断地探索、研究自身的商业模式与组成商业模式的模块之间的关系，才能在别的企业复制企业成功的商业模式前进行再创新，并保持领先地位。

一、创业阶段与商业模式设计

（一）创业前的准备工作

在创业前，创业者首先要构思出一个商业创意。商业创意是推动创业者创立企业的第一要素，是企业形成完整的商业模式前的初步设想。如果没有一个好的商业创意，就算企业具备强大的资源整合能力、雄厚的资金实力，也很难在激烈的市场竞争中脱颖而出。同时，只有创立企业，对市场进行充分评估后，才可能将创业者的商业创意具体化，形成一个完整的商业模式，并使企业占据市场竞争中的高位。因此，在创立企业前，创业者主要是通过捕捉机会形成商业创意，并进行市场评估，来确定可行性商业计划的。

（二）初创期的商业模式设计

初创期，企业的商业模式设计通常受创业者先前经验、教育背景等的影响。创业者通过研究解读政策信息，发现企业能够利用政策支持获得更好发展之后，才会构思商业创意，把握创业机会，整合各方面资源。创立企业后，创业者需要定位企业客户、明确客户价值，并挖掘获取客户价值、实现客户价值的途径。因此，处于初创期的创业企业是在行动过程中逐渐形成和完善其认知，进而设计初始商业模式的。只有在初创期构建一种独特的商业模式，进行商业模式创新，才能使创业企业与行业里的其他企业区别开来，从而能够生存下去，安全度过生存期。综上，初创期的商业模式是在行为驱动下被构建的。

（三）成长期的商业模式设计

商业模式并不是一成不变的，而是随着外部环境的变化和内部企业的发展不断优化和完善。受竞争压力等问题的驱动，创业者需要改变某些要素来拓展现有的商业模式，甚至创新原有的商业模式。创业者需通过信息整合等来寻找问题产生的原因，并进行合理性评估和解释，在此基础上选择解决方案，最后根据解决方案完善企业的商业模式设计。这种商业模式能够引导企业未来的发展，并使它与其他企业区别开来，为创业企业在成长期赢得独特的竞争优势，并使得企业获得成长资源，进而使企业快速成长。因此，成长期的商业模式是在问题驱动下被构建的。

（四）发展期的商业模式设计

对于发展期的创业企业而言，业务逐渐步入正轨，与客户的合作与交流使得创业者获得客户的需求信息，并以此为基础设计需求满足方案。这一时期，创业者在客户需求的推动下，从解决方案的推广和拓展过程中发现机会，进一步完善企业商业模式。发展期的企业更要不断地根据内外部环境调整自身的商业模式，以使商业模式更为成熟，以便将该商业模式复制到其他地区开展新业务，或应用于其他行业中，以此扩大企业规模。因此，发展期的商业模式是在客户需求的驱动下被构建的。

综上，基于创业过程的创业企业商业模式设计过程，如图 8-1 所示。

二、创业企业商业模式设计的关键环节

商业模式是一个框架，概述了初创企业如何在市场上创造、交付和获取价值，以及各业务如何协同推进以产生收入和实现盈利。以下说明初创公司设计合适的商业模式的关键环节。

1. 明确价值主张

价值主张是进行商业模式设计的前提条件，也是企业的核心。它是客户选择一家企业而不是另一家企业的原因。任何竞争体系的构建都必须围绕价值主张展开。企业为客户创造的价值，可以是新颖、性能、定制、设计、品牌、价格、降低成本和降低风险。这些都是客户更喜欢某些企业产品的原因。这些要素都可以影响客户的购买决策，只有正确组合这些要素才能确保初创企业获得理想的盈利能力。价值主张应该清晰、简洁，并专注于产品中最引人注目的方面，且初创企业需要根据客户反馈和市场调查不断测试和完善价值主张。

2. 确定目标客户

客户是任何商业模式的核心。没有客户，任何企业都无法生存。创业企业不仅要确立价值主张，而且要明确定位目标客户，即企业要知道为谁创造什么样的价值。客户群是具有相似需求的一群人。创业企业需要根据内外部市场环境，精准洞察客户"痛点"，满足客户未被满足的精准需求——未被竞争对手关注并满足的需求，或客户自己尚未意识到的、可挖掘

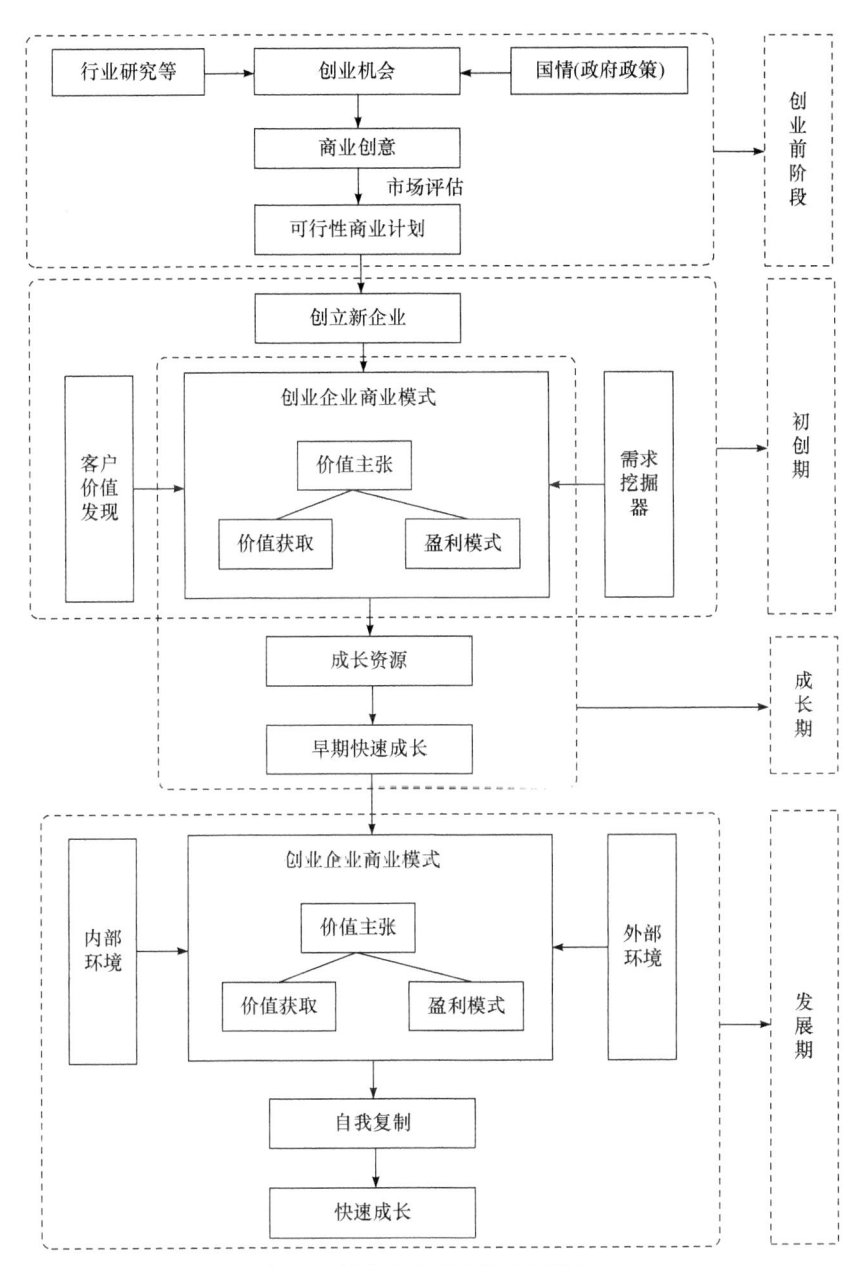

图 8-1 创业企业商业模式构建过程

资料来源：马碧珠.2014.创业企业商业模式的构建过程研究——基于创业过程视角[D].广州：暨南大学.

的、可创造的需求。创业企业可基于某些共同需求、行为或其他属性对客户群进行细分，以提高客户满意度。例如，一个创办健身房的创业者可将客户群细分为两类——需要灵活锻炼方案的上班族和寻求专业训练方案的健身爱好者，针对各自的独特需求开发相应的产品和服务。

3. 配置关键资源

资源对于初创企业的成功至关重要，关键资源是确保商业模式可以正常运行的最重要资源。要经营任何业务，都需要特定的资源。然而，任何企业都不可能具备满足其发展的所有资源，需要将内外部资源进行有效整合，为企业的有效运营提供保障。这些资源既可以是有形的，又可以是无形的；既可以是合作的企业组织，又可以是独立存在的个体。例如，阿里巴巴的发展就是将外在的众多资源（如供货方、购买方、资本方、物流公司等）进行高效整合，阿里巴巴作为平台进行管控，从而实现了各方价值的最大化。

4. 确定收入来源

如果说客户是商业模式的核心，那么收入就是动脉。创业者要明确如何从确定的目标客户群中获得收入。同时，创业者要分析初创企业拥有哪些收益来源及能否实现收益最大化，企业有哪些成本及如何有效控制成本。例如，小米公司有硬件收费、软件收费、内容收费等盈利来源，京东公司有产品销售、仓储物流、金融等多种盈利来源。收入来源受现金流结构和成本结构的影响。现金流结构是指一定时期的现金流入、流出及净流量总额中，各项目所占的比例或百分比，是反映企业财务状况的一个重要方面，保持合理的现金流结构是企业发展的基础。成本结构是运营商业模式所需的所有成本，是定义初创公司成功潜力的因素之一，直接影响初创企业的盈利能力和增长潜力，包括构成产品价格的所有固定成本和可变成本以及生产、维护和分销的费用。初创公司可能是价值驱动或成本驱动的成本结构。价值驱动虽然会导致产品价格更高，但是其主要目的在于实现产品价值的最大化，而成本驱动则在于最大限度地降低产品成本。

5. 确定合作伙伴

公司初创阶段的合作伙伴关系是影响创业成功的重要因素之一。考虑到优化运营、降低成本和风险、创造规模经济，初创企业需要确定与哪些关键合作伙伴建立关系。供应商合作伙伴、分销合作伙伴（零售合作伙伴/电商平台）、营销和推广合作伙伴（共同营销/联盟营销伙伴）、技术与创新合作伙伴（技术合作伙伴/研发合作伙伴）、战略联盟（行业联盟/合资企业）、金融合作伙伴等，共同构成重要合作伙伴网络。重要合作伙伴网络是商业模式正常运营的关键。合作伙伴可以提供资源、专业知识、分销渠道等，帮助初创企业实现业务发展并获得成功。大多数初创企业都是依靠强大的合作伙伴网络来实现业务发展的，这比单打独斗的效率更高。

三、商业模式创新的原则与路径

商业模式创新是指企业在现有商业模式的基础上，通过创新和革新，创造出全新的商业模式，以达到更高效的目标。商业模式创新不仅是单纯的产品创新或技术创新，也不仅仅局限于企业内部，而是包括外部环境、业态、市场、产业链等多个方面的创新。商业模式创新能为企业带来更多的价值获取途径，从而提升竞争力，甚至可以推动行业的升级和创新。

（一）商业模式创新的原则

商业模式创新必然要遵循一定的原则，这是商业模式创新成功的必然要求。

1. 客户价值最大化原则

商业模式创新需要从客户需求出发，从市场发展趋势和客户需求升级中找到新的客户价值，构建企业与客户连接互动的系统化方法和技术，以提高客户整体体验为出发点，有目的、无缝隙地为客户传递目标信息，有针对性地开发相应的产品和服务，创造差异化客户体验，实现客户忠诚，从而增加企业收入与资产价值。

2. 持续盈利原则

企业能否持续盈利是判断某一商业模式是否成功的一项重要标准。持续盈利是指既要实现盈利，又要有发展后劲，即盈利具有可持续性，而非一时的偶然盈利。持续盈利是评价一个企业具有可持续发展能力的最有效的考量标准之一。因此，商业模式创新要遵循可持续盈利原则。

3. 资源整合原则

企业战略资源不仅是商业模式创新的重要条件，还是企业竞争战略开展的重要条件。在进行商业模式创新时，必须重视资源整合的有效实现，优化配置企业战略资源，将企业核心竞争力凸显出来。同时，要将战略资源配置与客户需求相结合，寻求最佳结合点，提升各类战略资源对企业盈利的贡献度，从而使商业模式创新后的作用能够得到有效发挥。

4. 创新原则

一种成功的商业模式不一定源自技术突破，而是源自对某个环节的改造，或对原有模式的重组与创新，甚至是对整个游戏规则的颠覆。商业模式创新贯穿于企业经营的整个过程中，贯穿于企业资源开发、研发、制造、营销、流通等各个环节。也就是说，任何企业经营环节上的创新都可能演变为一种成功的商业模式。

5. 风险控制原则

企业进行商业模式创新时必须加强风险控制。企业在实际运营中会对市场机会存在乐观主义思想或风险防范意识匮乏，容易造成商业模式创新失效。因此，在进行商业模式创新时，必须全面考虑企业面临的内部风险和外部风险，并将风险控制在一定限度内，避免风险影响企业的经营发展。

（二）商业模式创新的路径

1. 基于价值链的商业模式创新

把商业模式创新的焦点放在价值活动的定位、设计与匹配上，具体包括三种途径。一是进行价值链上的新定位，即通过专注于价值链上的某些活动（通常是高利润活动），而将其余活动外包,从而实现商业模式的创新。二是重组价值链,即通过对产业价值链进行创造性的重新组合,实现商业模式创新。三是构建独特的价值体系,即通过构建多个价值优势并将之整合,形成独特的价值体系,如可以将"价格低廉"与"高度便利"进行价值组合,从而形成新的价值体系。

2. 基于资源能力的商业模式创新

这种商业模式创新侧重于发掘和利用新资源或充分挖掘现有资源的潜在价值,从而建立起竞争优势。一是围绕新资源构建商业模式。新资源使得企业拥有创造新的客户价值的潜力,商业模式创新的意义在于将新资源的潜力释放出来。二是创造性地利用现有资源。企业通过创造性地利用现有资源,以实现资源的共享和优化利用。

3. 基于价值网络的商业模式创新

这种商业模式创新的重点在于打造独特的价值网络,设计各种交易机制将企业与价值创造伙伴有机联系起来,形成价值创造的合力。具体讲,采取这种商业模式创新的企业可以选择成为交易的组织者、交易平台的构建者或交易的中介者。

4. 基于收入模式的商业模式创新

收入模式是指获取收入的方式。此类商业模式创新的途径具体包括四种。一是利用"互补品"——这是一种"此失彼得"的策略,如佳能的"低利润打印机加高利润墨盒"的"产品+产品"互补就是使用了该策略。二是将免费项目变为收费。很多成功的创业企业对"免费-收费"模式的细节进行创新,从而发掘出商机。三是第三方付费。这种方式并不需要消费者付费,企业通过其他利益相关方赚取收入。四是交易方式创新。企业可以考虑是否采用信用交易、是采用批发还是零售交易、是否实行竞标等形式进行交易方式的创新。

5. 基于产品或服务的商业模式创新

这种商业模式创新聚焦于企业提供的客户价值。通过发现竞争对手或原有客户的价值盲区,打造独特的产品或服务,实现客户价值的飞跃,由此拉动企业成长。在服务业中,这一途径很重要。客户价值中情感的、体验的成分能够放大独特服务的冲击力,从而使企业赢得客户。

第九章
创 业 融 资

一、创业融资概述

（一）创业融资的概念

资金是创业企业能够正常运行的基础和保障。资金不仅可以帮助创业公司实现生存与发展，资金在创业公司的各个方面，如在招聘核心员工、公关、市场推广和销售等环节都能发挥很重要的作用。因此大部分创业公司都是非常想融资的。对于创业公司而言，一个好的消息是，很多的投资者都愿意给有发展前景的创业公司投资。不过也有一个坏消息，那就是融资其实是一个非常残酷的过程。整个融资过程是漫长、艰难、复杂的，同时也可能会让创业者的自尊心受到伤害。

融资，是指资金的融通。狭义的融资主要是指资金的融入，也就是通常所说的资金来源，具体是指通过一定的渠道、采用一定的方法、以一定的经济利益付出为代价从资金持有者手中筹集资金，满足资金使用者对资金需要的一种经济行为。广义的融资，不仅包括资金的融入，还包括资金的运用，即包括狭义融资和投资两个方面。

创业融资研究的是创业企业的融资行为，创业企业相比较于一般企业来说，具有不成熟性、不稳定性以及发展的不确定性等特点，由于受到自身条件等因素的制约，其生存和发展面临更大的风险。在融资问题上，由于存在资产规模小、信用水平低、信息不透明等问题，初创企业常面临着融资的"麦克米伦缺口"。处于不同阶段、具有不同特征的企业对于创业融资的方式和渠道有着截然不同的选择。创业融资主要是为了满足初创企业生存和发展的资金需要，但是对于处于不同成长发展阶段的不同类型的初创企业来说，其资金需求在规模、结构、成本和所承受风险等方面也呈现出不同的特征，这决定了企业会选择不同的融资方式和渠道。

（二）创业融资的特点

1. 项目导向

主要依赖项目的现金流量和资产而不是依赖于项目的投资者或发起人的资信来安排融资，这是项目融资的第一个特点。项目融资，顾名思义，就是以项目为主体安排的融资。贷款者在项目融资中的注意力主要放在项目的贷款期间能够产生多少现金流量用于还款和贷款的数量、融资成本以及融资结构的设计，这些都是与项目的预期现金流量和资产价值直接联系在一起的。

由于项目导向，对于投资者来说，有些很难借到的资金则可以利用项目来安排，有些投资者很难得到的担保条件则可以通过组织项目融资来实现。进一步，由于项目导向，项目融资的贷款期限可以根据项目的具体需要和项目的经济生命周期进行安排，做到比一般商业贷款期限长。

2. 有限追索

有限追索是项目融资的第二个特点。追索是指在借款人未按期偿还债务时，贷款人要求以抵押资产以外的其他资产偿还债务的权利。在某种意义上，贷款人对项目借款人的追索形式和程度是区分融资是属于项目融资还是属于传统形式融资的主要标志。对于后者，贷款人为项目借款人提供的是完全追索形式的贷款，即贷款人更主要依赖的是自身的资信情况，而不是项目本身；而前者，作为有限追索的项目融资，贷款人可以在贷款的某个特定阶段（如项目的建设期和试生产期）对项目借款人实行追索，或者在某个规定范围内（这个范围包括金额和形式的限制）对项目借款人实行追索。除此之外，无论项目出现何种问题，贷款人均不能追索到项目借款人除该项目资产、现金流量以及所承担的义务之外的任何形式的财产。

有限追索的极端是"无追索"，即融资百分之百地依赖于项目的预期收益，在融资的任何阶段，贷款人均不能追索到项目借款人除项目之外的资产。然而，在实际工作中是很难获得这样的融资结构的。

3. 风险分担

为了实现项目融资的有限追索，对于与项目有关的各种风险，需要以某种形式由项目投资者（借款人）、与项目开发有直接或间接利益关系的其他参与者和贷款人分担。一个成功的项目融资应该是在项目中没有任何一方单独承担起全部项目债务的风险责任，这一点构成了项目融资的第三个特点。在组织项目融资的过程中，项目借款人应该学会如何去识别和分析项目的各种风险因素，确定自己、贷款人以及其他参与者所能承受风险的最大能力及可能性，充分利用与项目有关的一切可以利用的优势，最后设计出对投资者具有最低追索的融资结构。

一般来说，风险分担是通过出具各种保证书或作出承诺来实现的。保证书是项目融资的生命线，因为项目公司的负债率都很高，保证书可以把财务风险转移到一个或多个对项目有兴趣但又不想直接参与经营或直接提供资金的第三方。

保证人主要有两大类：业主保证人和第三方保证人。当项目公司是某个公司的子公司时，项目公司的母公司是项目建成后的业主，贷款方一般都要求母公司提供保证书。当项目公司无母公司或母公司及发起方其他成员不想充当保证人时，可以请他们以外的第三方充当保证人。可以充当保证人的主要有五类：材料或设备供应商、销售商、项目建成后的产品或服务的用户、承包商和对项目感兴趣的政府机构。

（三）创业融资的意义

企业的融资是企业寻求资金帮助、快速发展与壮大的重要手段。由于创业企业在创业初期会存在一定时期的资金回笼空白期，若资金不能及时回笼也可能导致企业的入不敷出。如果创业者缺乏相应的应对措施，则很有可能使非常具有市场前景的项目破产。

融资能够使企业在短期内得到一笔资金，帮助企业度过困难时期、帮助企业扩大生产，其是现代创业企业快速发展壮大的重要方式，对创业企业有着重要的意义。针对融资对创业企业的重要意义，科学研究创业企业的融资特点、方式及策略，有利于企业融资工作的顺利实施，促进企业的健康发展。

（1）获取指导。投资方，尤其是天使投资人，常常是行业中的大佬或成功的创业者。他们具备挑选项目的眼光，自然也有培植项目的能力。他们提供的关于产品、技术方面的专业意见，或者关于公司管理、商业模式、战略方向的经验及思考对创业公司来说是无价之宝，远重于钱。

（2）获取资源。仍然以天使投资人为例进行说明。他们拥有资金以外的资源，包括但不限于政府、媒体、人才、市场渠道及下一轮融资的渠道等。为了扶持早期项目，天使投资人往往愿意向创业者提供这些资源，事实上很多创业者在选择资方的时候就是以这些资源为依据的。

（3）获取背书。天使投资人即便不向创业者提供指导和资源仍然有其价值，那就是背书。一个有名的投资人投了你的项目，这说明你的项目获得了一个名人的认可。只要投资人愿意透露这起融资消息，你就获得了一个闪亮的宣传点。

但同时也应看到，创业企业融资存在如下一些障碍：

（1）信息不对称。不对称信息是指融资或经营活动中的参与者所占有的信息量不相同。信息不对称可能使外部融资成本高昂，甚至完全阻止了外部融资。

（2）企业的资质。创业企业产业优势不明显，如创业企业规模小、经营方式不合理、治理方针不完善、抗风险的能力弱，以及企业领导缺乏经营管理的经验、信息披露不够透明、部分企业内控制度不健全、财务管理不规范等。当前多数创业企业在产业内不具备明显优势，在企业规模、市场占有率、技术研发等方面处于不利地位，因此难以获得银行及其他投资机构的青睐。

（3）道德风险。道德风险是在经济交易完成之后发生的。贷款者放贷之后，可能会出现借款者从事贷款者不期望进行的经营活动的情况，如借款者获得贷款后，受高利润的吸引，会改变合同中规定的贷款用途。

（4）资产市场环境。外部市场环境决定了创业企业融资的难易程度。资本和产品市场都经常发生重大变化。如果资本市场变化巨大，产品市场竞争激烈，创业企业从传统渠道融资则变得非常困难。

二、创业融资的程序

1. 融资决策和撰写商业计划书

融资是企业进行一系列活动的先决条件。企业的融资决策不仅要使企业能够筹集到足够数额的资金，而且要使资金成本达到最低。不同融资方案的税负不同，企业在利用融资方式进行税收筹划时，不仅要从税收上考虑，还要注意企业收益提高所带来的风险，并充分考虑企业自身的特点以及风险承受能力。按照取得资金来源的不同，融资可以分为争取财政拨款、自我积累、借款、发行债券、发行股票、商业信用、租赁等。

撰写商业计划书不仅是一个包装和表达的过程，也是一个理清产品思路的过程。一个技术上完美的商业计划书如果逻辑怪诞、缺乏说服力，很有可能是你的产品本身就有问题。一个聪明的创业者会借由表达来发现自己的不足，从而先改善产品或商业模式——如果你信奉精益创业，返工的过程就不长，成本也不高。因此，千万不要轻视撰写商业计划书的意义。

2. 找到投资人

首先，创业有风险，必须得承认的一个事实是，拿到投资的团队永远是少数，拿到投资又能走下去的更是少数中的少数。所以，在找投资人之前，你需要先梳理自己团队的优势。比如，自己团队是否有大公司离职的核心员工参与，或者是否由优秀成员组成。在梳理好自己的优势和劣势之后，那么就可以有针对性地选择投资机构投递自己的商业计划书了。

寻找投资人，其实有两种方式：一种是等投资人来找你；另一种是你去找投资人。不同的项目，可以选择不同的方法。第一种包括主动寻求互联网媒体报道、将自己的产品推到免费推广网站或者融资平台上、入驻孵化器或者联合办公场地、将自己打造成一个品牌等。第二种主动找投资人则可以通过朋友引荐、自己向机构投递商业计划书、参加创投活动或者路演、私信社交媒体上的投资人等方式。

3. 路演

路演前可通过内部演练以做足功课，划清重点，让投资人更快速地了解项目核心信息。当投资人询问项目时，演讲人要处理好异议问题，有理有据，切忌讲空话或与投资人发生言语冲突，不要把投资人的提问视为挑战，提问正说明项目引起了对方的兴趣。

路演最好由企业的创始人或联合创始人担任主讲，非核心成员无论是对项目理解的深度，还是对项目现状、未来展望的阐述，和创始人本人都是难以比拟的。

4. 与投资人单独约谈

如果你是在项目路演上和投资者会面的，要记住，这时你的目标不是最终达成融资交易，而是争取获得与投资人下一次会面的机会。投资者一般不会在听完你的项目介绍的第一天就下决定是否进行投资，不管你的项目有多么出色都是如此。所以一定要努力争取到和投资人接下来的会面机会，这才是最重要的。

在准备和投资人会面时，需要遵循一定的规则。第一，要确保了解你的会面对象，如了解他们喜欢投资什么样的公司及其背后的原因。第二，做项目展示时要尽可能简单明了、抓住核心，介绍内容可以包括你的产品所具有的优势、你的团队的优势，以及为何你们能打造一个伟大的公司。第三，要认真听投资者给出的反馈。在和投资人见面的过程中，如果你能让投资者说的话比你说的话还要多，那么融资成功的可能性就会大大提高。

5. 交易价格谈判

约谈是让投资人了解你的项目和团队，至于具体投不投还要看玩法、估值、出让比例、附带权利等，如优先股是否具有投票权、是否配备反稀释条款等。如果受到投资人追捧，那么项目具有更强的议价能力，因此做好产品永远比谈判技巧更有用。

早期融资中，公司估值的多少对公司今后的成功或失败产生的影响是非常小的。因此，要尽可能地选择对自己比较有利的融资交易条款和投资人，当然前提是要确保自己能顺利完成融资。最后，一旦投资人确定给你投资，就不要再等待犹豫了，应尽快签署融资文件、将钱拿到手。

6. 投资意向书的签订

创业投资的获得除与创业项目和创业者的素质有关外，创业者还需掌握一定的融资技巧。在和投资人正式讨论投资计划之前，企业家需作好心理准备。

从商业角度上来讲，签订意向书时需要考虑公司价值及其衡量标准，以及原始股东与新股东的关系、退出机制等。对于私募投资者来说，他很大的一个顾虑在于以这种私募的形式投资到公司里头，在公司没有上市的情况下，这些投资是否能够退出，所以他会充分地考虑需要一种什么样的权利来保护他的利益，以利于他将来退出。当然这实际上涉及投资者和原来股东之间如何为达成一种共识去制定相应的机制。

意向书一般并没有严格意义上的法律效力，但是它的一些具体条款具有法律效力，如保密、排他性条款等。排他性条款是指一旦签订这种意向书之后，在一定的时间段内，公司不得同其他潜在投资者接触和洽谈投资意向。所以一般针对投资意向书来讲，也不能够单纯地以为它没有法律效力就不注意它，因为很大程度上讲，它里面一些条款会成为进一步谈判交易的基石，甚至会限制公司的一些其他投资行为等。

三、创业融资的方式与渠道

（一）创业融资的方式

在市场经济中，企业融资方式总的来说有两种：一是内源融资，二是外源融资。

外源融资是指企业通过一定方式向企业之外的其他经济主体筹集资金。外源融资方式包括银行贷款、发行股票、企业债券等。此外，商业信用融资、融资租赁在一定意义上也属于外源融资的范畴。

内源融资是指公司经营活动结果产生的资金，即公司内部融通的资金，它主要由留存收益和折旧构成，是指企业不断地将自己的储蓄（主要包括留存盈利、折旧和定额负债）转化为投资的过程。内源融资对企业的资本形成具有原始性、自主性、低成本和抗风险的特点，是企业生存与发展的重要组成部分。事实上，在发达的市场经济国家，内源融资是企业首选的融资方式，是企业资金的重要来源。

只有当内源融资仍无法满足企业资金需要时，企业才会转向外源融资。企业外源融资分为以直接融资为主或以间接融资为主，除了受自身财务状况的影响外，还受国家融资体制等的制约。

1. 银行贷款

这是人们在资金筹措不足的情况下首先想到的融资方式。银行也在不断加大对个人创业的信贷支持力度，贷款种类越来越多，条件不断放松，创业者可视情况选择适合自己的融资方式。

（1）个人创业贷款。创业贷款是指具有一定生产经营能力或已经从事生产经营活动的个人，因创业或再创业需要提出资金需求申请，经银行认可有效担保后而发放的一种专项贷款。符合条件的借款人，根据个人的资源状况和偿还能力，最高可获得单笔50万元的贷款支持；创业达到一定规模或成为再就业明星的人员，还可提出更高额度的贷款申请。创业贷款的期限一般为1年，最长不超过3年。

（2）商业抵押贷款。银行对外办理的许多个人贷款，只要抵押手续符合要求，银行就会不问贷款用途。抵押贷款金额一般不超过抵押物评估价的70%，贷款最高限额为30万元。如果创业需要购置沿街商业房，可以用拟购房屋作抵押，向银行申请商用房贷款，贷款金额一般不超过拟购商业用房评估价值的60%，贷款期限最长不超过10年。

（3）保证贷款。如果你没有存单、国债，也没有保单，但你的家人或亲朋好友有一份稳定的收入，那么这也能成为绝好的信贷资源。当前银行对高收入阶层情有独钟，律师、医生、公务员、事业单位员工以及金融行业人员均被列为信用贷款的优待对象，这些行业的从业人员只需找一到两名同事担保，就可以从金融机构获得一定金额的保证贷款。而且，这种贷款不用办理任何抵押、评估手续。如果你有这样的亲属，可以以他的名义办理贷款，在准备好各种材料的情况下，当天即能获得创业资金。

2. 典当贷款

典当是以实物为抵押，以实物所有权转移的形式取得临时性贷款的一种融资方式。典当物品的范围包括金银珠宝、古玩字画、有价证券、家用电器、汽车、服装等私人财物。典当行一般按照抵押商品现实市场零售价的50%~80%估价，到期不能办理赎回的可以办理续当手续。

典当贷款也是一条简便、快捷、安全、可靠的融资渠道。与银行贷款相比，典当有银行贷款所无法比拟的优势。首先，典当行对客户的信用要求几乎为零，典当行只注重典当物品是否货真价实。而且一般商业银行只做不动产抵押，而典当行则可以动产与不动产质押二者兼为。其次，到典当行典当物品的起点低，千元、百元的物品都可以当。与银行相反，典当行更注重为个人客户和中小企业提供服务。再次，与银行贷款手续繁杂、审批周期长相比，典当贷款手续十分简便，大多立等可取，即使是不动产抵押，也比银行要便捷许多。最后，客户向银行借款时，贷款的用途不能超越银行指定的范围。而典当行则不问贷款的用途，借款使用起来十分自由，周而复始，大大提高了资金的使用率。

3. 贷款担保

政府针对某些初创企业会提供政策性扶持资金，那么不妨争取这种政策性扶持资金的支持，一旦成功，资金问题自然迎刃而解。另外，各地对农业项目的支持力度也是比较大的，特别是取消粮食订购任务后，各地都将大力发展高效农业，你若有意到农村去创业，完全可以申请"农业发展基金"的支持。有些偏远的农村为了加快发展步伐，开发者可以享受免费使用土地若干年等优惠服务，这些都是寻找创业资金的有效办法。

下岗失业人员乃至一部分困难企业的富余人员虽然创业意识强，但融资难却是他们处于起步阶段共同面临的问题。自 2003 年起，中国人民银行会同财政部等共同推出了"下岗失业人员小额担保贷款"，为有志于个人创业的下岗职工提供资金帮助。很多地区还成立了担保基金、协会、中心等，为个人创业贷款筹资提供担保。

4. 合伙入股

合伙创业不但可以有效筹集到资金，还可以充分发挥人才的作用，并且有利于对各种资源的利用与整合。合伙投资要特别注意以下问题：一是要明晰投资份额，个人在确定投资合伙经营时应确定好每个人的投资份额，也并不一定平分股权就好，平分投资份额往往会为以后的矛盾埋下祸根。因为没有合适的股份额度，将导致权利和义务相等，结果是所有的事情大家都有同样多的权利和同样多的义务，经营意图难以实现。二是要加强信息沟通。很多人合作都是基于感情好，你办事我放心，所以就相互信任。长此以往，容易产生误解和分歧，不利于合伙基础的稳定。三是要事先确立章程。合伙企业不能因为大家感情好，或者有血缘关系，就没有企业的章程，没有章程是合作的大忌。

从创业融资角度看，创业企业可分为制造业型、商业服务型、高科技型以及社区型等。各类型的中小企业的融资特点和融资方式选择如下：

1. 高科技型创业企业

高科技型创业企业的主要特点是高风险、高收益。此类企业除了可通过一般创业企业获得的融资渠道融资外，还可采用吸收风险投资公司的创业基金、天使投资、科技型中小企业投资基金等方式进行创业。

风险投资公司的创业基金是有效支持高新技术产业最理想的融资渠道。创业资本与其所扶持的企业之间是控股或参股关系，风险投资公司可从创业成功企业的股份升值中较快地回收创业投资。

2. 制造业型创业企业

制造业型创业企业的资金需求是比较多样和复杂的，这是由其经营的复杂性决定的。无论是用于购买原材料、半成品和支付工资的流动资金，还是购买设备和零备件的中长期贷款，抑或是产品营销的各种费用和卖方信贷都需要获得外界与金融机构的金融服务。

一般而言，制造业企业资金需求量大，资金周转相对较慢，经营活动和资金使用涉及的面也相对较宽，因此，风险也相应较大，融资难度也要大一些，可选择的融资方式主要有银行贷款、租赁融资等。

3. 社区型创业企业

社区型创业企业，如餐馆、美容美发、水店、便利超市、家政服务等具有特殊性，它们具有一定社会公益性，容易获得各项优惠政策，如税收政策、资金扶持政策等。对于该类创业企业，应首先考虑争取获得政府的扶持资金。

4. 商业服务型创业企业

商业服务型创业企业的资金需求主要是库存商品所需的流动资金和促销活动上的经营性开支，其特点是量小、频率高、借款周期短、借款随机性大。但是一般而言，风险相对于其他类型中小企业来说较小。因此中小型银行贷款是其最佳选择。

（二）大学生创业融资渠道

（1）高校创业基金。高校在大学生创业期间起到一种鼓励、促进的作用，大多数高校都会设立相关的创业基金以鼓励本校学生进行创业尝试。优势：相对于大学生群体而言通过此途径融资比较有利。劣势：资金规模不大，支撑力度有限，面向的对象不广。

（2）政策基金。政府提供的创业基金。优势：利用政府资金，不用担心投资方的信用问题；政府的投资一般都是免费的，降低或者免除了融资成本。劣势：申请创业基金有严格的程序要求；政府每年的投入有限，融资者будут面对其他融资者的竞争。

（3）天使基金。天使合作是自由合作者或非正式风险合作机构，对处于构思状态的原创项目或小型初创企业进行的一次性的前期合作。优势：民间资源的合作操作程序较为简单，合作速度快，门槛也较低。劣势：很多民间合作者在合作的时候总想控股，因此容易与创业者发生一些矛盾。

（4）亲情合作。亲情合作，即向家庭成员或亲朋好友筹款。优势：这个方法筹措资金速度快、风险小、成本低。劣势：向亲友借钱创业，会给亲友带来资源风险，甚至是资源损失，如果创业失败就会影响双方感情。

（5）风险合作。风险合作是指创业者通过出售自己的一部分股权给风险合作者，从而获得一笔资金，用于发展企业、开拓市场，当企业发展到一定规模时，风险合作者出卖自己拥有的企业股权获取收益，再进行下一轮合作。许多创业者就是利用风险合作使企业度过初创期的。优势：有利于与科技含量较高、依靠创新商业模式运营、有豪华团队背景和现金流良好、发展迅猛的有关项目合作。劣势：合作项目局限。

（6）合伙人合作。寻找合伙人合作是指按照共同合作、共同经营、共担风险、共享利润的原则，直接吸收单位或者个人合作合伙创业的一种合作途径和方法。优势：有利于对各种资源进行利用和整合，有利于提升企业信誉，能尽快形成生产力，有利于降低创业风险。劣势：很容易产生意见分歧，从而降低办事效率，也有可能因为权利与义务的不对等而使合伙人之间产生矛盾，不利于合伙基础的稳定。

四、企业融资环境分析

不管企业的规模大小，企业的存在都是以盈利为目的，是为社会提供产品和服务的有机集合体。企业经营要想稳操胜券，必须要适应外部环境和内部环境的变化，通常情况下，企业所面临的环境主要是指影响企业自身存在的因素，企业选择融资的方式需要考虑影响企业生存和经营发展的各种因素。在分析融资环境的时候，需要同时考虑宏观环境和微观环境，只有这样才能选择最佳的融资方式。

1. 宏观环境

企业融资的宏观因素包含以下几种。

（1）政治法律环境。随着改革开放政策的实施，我国的产业政策持续稳定，国家推行了一系列宽松的财政政策和货币政策，大力发展基础设施，保护消费者权益，深入调整产业结构与引导投资方向，使经济发展方式得以转变。

（2）经济环境。如果企业在经济环境变化时不能及时应对，那么就会导致企业融资不到位，甚至出现破产等现象。

（3）技术环境。首先，科学技术的进步推动经济发展，全社会开始重视教育问题，同时，加大了科技投入力度和人才培养力度。目前，我国政局稳定，经济向好的方向发展，社会文化不断进步，科学技术日新月异，经济发展处在上升期。企业面临着巨大的发展机遇，投融资需求很大。同时，国家推行适度宽松的财政政策和货币政策，从政府宏观层面保证了企业融资。其次，银行贷款、公司债券、信托基金等规模不断扩大的同时，随着越来越多的新型金融工具的出现，金融市场也日趋繁荣，有更多的融资方式可供企业去选择。总而言之，我们的宏观环境只会越来越好，这种情况有利于企业融资，也有利于企业不断向前发展。企业要做的就是结合自身发展的实际情况，选择适合自身的融资方式来获取资金，实现资金利用的最大化。

2. 微观环境

融资的微观环境受企业外部微观环境和内部微观环境的直接影响，这是确定企业融资方式的前提。不同的微观环境，决定了企业融资的难易程度。

（1）外部微观环境。在行业的竞争优势方面，因为我国是社会主义国家，政府掌握了大部分国民经济命脉的关键行业。在很多重要领域形成了国有企业的垄断市场，所以我国企业的微观环境有自己的特点。在一些行业中，只有几家国有巨头企业，所以不存在新进入者威胁，生产经营所需的材料是国企定价，产品服务也是国企定价，几乎没有竞争。在非垄断行业，如食品、服装、建材等行业，市场比较开放，竞争比较激烈，这些企业很容易受到新进入者的冲击。当一家实力相当强大的新企业进入某一个行业的时候，这个行业的其他中小企业是很难生存下去的。可见，在这些进入壁垒低、企业议价能力弱、竞争者数量多、固定成本和转换成本相对较低的行业中，资金实力雄厚、融资能力强大的大型企业集团是最具竞争优势的。

（2）内部微观环境。内部的微观环境主要是指企业的资源、核心竞争力等，这些都对企业的发展有很大的影响。因为它们决定着这个企业是否有底气，进而直接影响着企业的融资策略。企业资源包含了两个方面，即有形资源和无形资源，这些都是企业长期积累而形成的。企业的能力主要是指企业的生产能力和竞争能力，具备这些核心能力也能提高企业的融资能力。在融资过程中，企业应当让投资者看到自己的核心竞争力，以吸引更多优质的投资者。它对企业的融资起着十分重要的作用，特别是不具备庞大企业资源的中小企业和高新技术企业，主要靠核心竞争力融资。因为中小企业多半不具备广泛的资源，只有靠自己的自力更生来维持。假如一个中小企业掌握了某种技术，创造了某种独有的模式，抑或是能够提供某一种与众不同的产品和服务，这种东西别人学不去，也买不走，那么它就具备了这种核心竞争力，就会在很大程度上提高企业融资的能力。

第十章
创业团队建设

当前,随着移动互联网平台的快速发展,新事物大量出现,并以其及时性、便捷性备受人们的青睐,走进了社会经济生活的方方面面,给创业者带来商机的同时,也对创业团队的建设提出了更高的要求。如何更好地适应信息社会的到来,打造更优秀的创业团队,成为每个创业团队需要面对的时代命题。

一、团队与团队建设

1. 团队与团队建设的定义

团队是由员工和管理层组成的一个共同体,为了共同的目的和业绩目标组合在一起,该共同体合理地利用每一个成员的知识和技能,他们协同工作、相互信任并承担责任、解决问题,以期实现共同的目标。团队建设是指为了实现团队绩效及产出最大化而进行的一系列结构设计及人员激励等团队优化行为。团队建设主要是通过自我管理的小组形式进行,每个小组由一组员工组成,负责一个完整的工作过程或其中一部分工作。工作小组成员在一起工作以改进他们的操作,计划和控制他们的工作并处理日常问题。他们甚至可以参与公司更广范围内的决策。团队建设应该是一个有效沟通的过程。在此过程中,参与者和推进者都会彼此信任、坦诚相待,愿意探索影响工作小组发挥出色作用的核心问题。

2. 团队角色分配

(1)实干者。这类人传统保守、有责任感、现实、崇尚努力、喜欢做事有计划、用系统的方法解决问题、对团队忠诚度高、组织能力强、以集体利益为重,所以在团队中的作用很大,但同时也缺乏创新变革意识。

(2)协调者。这类人冷静、自信、有控制力,能够引导一群各色各异、有个性的人向着共同的目标努力,能够协调各种错综复杂的关系。他们在团队中能很快发现各成员的优势,并能够在实现目标的过程中妥善运用。但是,这类人个人业务能力不会太强,比较容易将团队的荣誉归为己有。

(3)推进者。这类人是行动的发起者,说干就干,办事效率高,目标明确,有高度的工作热情和成就感。面对困难,他们总能够挺身而出,找到解决的方法。另外,他们喜欢挑战别人,好胜心比较强,缺乏人与人之间的理解。

（4）创新者。这类人具有高度的创造力，思维开阔、观念新颖、富有想象力。通常在项目陷入困境的时候，他们总会提出新的想法，推动团队前进。但创新者往往不受条条框框约束，不拘小节、难守规则。

（5）信息者。这类人反应敏捷、性格外向，经常表现出高度的热情，对外界环境十分敏感，爱与人交往，从而从中获取信息。但新鲜感和激情过去后，他们容易对工作失去兴趣。

（6）监督者。他们严谨、理智，不会过分的热情也不容易被情绪带偏，他们与群体保持着一定的距离，在团队中可能不太受欢迎。但是，他们有很强的批判能力，善于综合思考、权衡利弊。

（7）凝聚者。他们往往是团队中最积极的成员，善于与他人打交道、善解人意、关心他人、处事灵活，容易把自己同化到团队中去，凝聚者对任何人都没有威胁，是团队中比较受欢迎的人，有他们在的时候，团队士气会很高。

（8）完美者。这类人具有持之以恒的毅力，做事注重细节，是完美主义者。他们不会去做那些没有把握的事情，喜欢事必躬亲，无法忍受做事随便的人，对于重要的事情，会有更高的要求。

二、创业团队建设的意义和问题

（一）创业团队建设的意义

（1）当今社会呼唤创业团队塑造全新的团队文化。互联网的普及丰富了我们的生活，也改变了我们的世界观。不同的创业者所接触的环境不同、扮演的角色不同，使得整个创业团队中存在着不同的价值观。对多元价值观的包容要求创业团队更加开放，不同人员可以彼此协助、共同成长，摩擦出思维的火花，使整个创业团队更具有活力与创造力。团队文化的包容、开放也是适应多元化顾客群体的必然要求。网络服务的广泛覆盖、高效率与低成本，使得不同人群通过空前紧密的形式结合在一起，共享网络经济带来的便捷丰富的服务，分享交流市场资讯。网络顾客群体年龄层次不同、所在地域不同、生活习惯不同，可能宗教信仰和价值观也会大不相同，要求也多种多样，个性化也很强。网络平台的多元化要求创业团队必须要形成多元化的团队文化，成员结构来源更要具有包容性和开放性，以适应多元化的网络顾客群体的需要。

（2）当今社会需要创业团队构建科学的团队结构。如今，互联网平台是一个催生高科技的全新虚拟经济平台，与从前的实体经济平台相比，更加平等、便捷，同时技术含量也更高。为了更好地适应当今社会的互联网经济，必须要形成与以往不同的科学的团队结构。当今社会，仅仅只需一部手机便能获得大量的信息，这就带来了巨大的数据流，而如何在巨大的数据流中发现顾客，并及时为其提供精准服务是商业领域关注的热点问题。所以，能否合理的分析数据和处理数据成为影响整个创业团队成功与否的关键因素。和传统的创业团队相比，为了向顾客提供更好的信息咨询服务，互联网创业团队的后台技术人员往往是很关键的一环。所以在当今社会背景下的创业团队需要构建扁平化、模块化的团队结构，在处理外部信息的同时，也要在内部架构中进行及时有效的互动，相互支援配合，为顾客提供更好的消费体验。

（3）当今社会要求创业团队形成高效率的运转机制。移动互联网平台的发展，使信息数量和传播速度呈现出爆炸式的增长，大学生在利用互联网创业的过程中，假如不能及时获得第一手市场信息，内部各个成员的认知存在差距，则会导致团队内部的交换成本和传递成本上升，即团队内成员无法快速理解决策者的决策意图，以至于无法快速完成团队目标，所以创业团队必须形成高效的运转机制，来及时适应当今的网络创业环境。针对网络订单商业模式下的巨大数据流，创业团队必须打造贯穿公司各个部门的智能化数据链、各个部门共享的信息知识平台，培养员工实时决策、高效执行、及时反馈的能力，提高反应的速度，降低运营成本。

（二）创业团队建设的问题

1. 创业团队企业目标及价值观冲突

企业价值观是企业在追求经营成功过程中决策者对企业的性质、目标、经营方式等方面的信念，是企业内部所有员工接受并推崇的。企业目标和价值观对于创业团队的导向作用、凝聚作用以及对于提高企业运营效率来说都是至关重要的。目前，大学生创业团队在年龄、认知、性格等方面普遍具有单层性，并受到自身成熟度的局限，在未经系统考察、科学论证、理性分析的情况下就开始创业，目标把握和角色定位不够精准，从而在企业从创业阶段向集体化阶段过渡期间，在持续高压的环境下，没有统一的目标及策略，仅靠价值观支撑，很容易使大学生创业团队内部冲突升级，在策略目标上争端不断，失去整体运作基础，难以发挥1+1＞2的整合放大效应。

2. 创业团队管理机制不够完善，缺乏企业意识

大学生在组建创业团队过程中，管理机制不够完善，主要表现在三个方面。首先，在团队建设之初，创业团队往往依靠人治来推动团队的发展，并没有制定严格的创业运作章程，团队成员权责不明。其次，在团队发展阶段，企业内外部环境变化迅速，人员流动率比较高，团队容易出现利益分配不均衡、激励机制不完善的现象。根据马斯洛需求层次理论和McClelland的成就激励理论，企业不仅要关注员工的基本物质需求，合理分配利润，也要满足员工的成就需求，而创业团队在工作安排、制定激励机制方面往往缺乏系统方案。最后，在团队沟通管理上，创业团队沟通渠道不够顺畅，沟通形式比较单一。管理机制的不完善，将直接引起管理混乱，不利于创业团队的可持续发展。

3. 创业团队人员配备不够合理

大学生创业者作为当局者，要想应对外部环境刺激，形成组合视角的合作博弈，就必须寻找适当的合作者。但是目前创业团队合作伙伴多是志同道合的朋友，是基于人际关系构建

的团队：一方面，针对成员个体，并没有对他们的责任感、决策力与领导力进行分析，更没有对他们的市场敏锐度、创造力、适应力进行判断；另一方面，针对创业团队整体，大学生创业团队由于背景、活动范围的限制，在人员配备上同质性高，容易带来相互排斥和疲软的问题，成员之间在知识结构、专业技能，以及性格方面没有形成优势互补，团队成员在动机、资源、素质、能力、人际关系等方面重叠度高，这使得团队互补空间小。

4. 创业团队基础要素缺乏

创业基础要素包括资金、信息、社会资源等。资金是企业的血液，是企业在创建、生存和追求发展过程中的必要条件，而大学生本身属于无收入群体，前期没有资金积累，所以用于项目推进的资金多来源于家庭、好友或者政府扶持，银行及其他金融机构为大学生创业团队提供的贷款数额也比较有限，所以资金问题成为制约其发展的瓶颈。而在当今信息社会中，企业内外部信息瞬息万变，大学生创业团队在生产经营中缺乏信息技术的支持，信息化建设质量薄弱，从而操作管理成本高，不利于市场竞争力的提升。另外，创业团队产品从设计、研发、市场开拓、宣传等方面都需要丰富的人力、物力资源作为支撑，但在校大学生社会经验不足、活动范围小、人脉关系也比较有限，在整个行业中涉足不深，社会资源的缺乏自然成为其发展的短板。

三、创业团队建设的维度和策略

（一）创业团队建设的维度

（1）团队文化建设。良性发展的团队文化既是团队领导者和团队成员共享的群体价值观念，也为团队的生存和发展提供了基本的方向和行动指南。创业团队的良性文化主要包括三点。一是共同的价值观和目标。价值观是一个创业团队保持凝聚力的关键所在，因为实现承诺的过程比金钱更为重要。要想增强团队凝聚力，就必须让团队目标趋向一致。同时团队成员要树立"全息"观念，好比"木桶效应"中的每一块木板都包含着整体的信息，可以在一定程度上复现整体，成员间目标一致，有着全体认同的价值观，只有这样才能使其成为一个合格的市场主体。二是相互尊重信任。国外学者 William Ouchi 提出了 Z 理论，他认为，所有企业的成功都来自于信任、敏感和亲密。所以，坦白、开放、沟通是实现民主管理的基本原则。创业过程是一项具有高风险的活动，而若成员间能做到高度信任，则可以降低部分风险，同时也可降低监控成本，有利于内部信息交换以及团队授权分权的实施。三是内部沟通顺畅。"现代管理理论之父"巴纳德提出：管理者的最基本功能是发展与维系一种畅通的沟通渠道。在大学生创业团体中，良好的沟通渠道不仅反映了创业团队成员的沟通能力和协调能力，更体现了完善的企业制度和良好的企业文化。

（2）团队制度建设。王安石在《取才》中说："所谓诸生者，不独取训习句读而已，必也习典礼，明制度。"虽然创业之初，团队成员大多是靠关系较好的朋友聚集起来的，制度体系并不完善，但是随着团队的持续发展，建立一套目标明确、定位科学、发展思路清晰的团队管理章程就变得尤为重要。建设一个经得起考验的团队需要成员的支持，更需要落实到具体的规章制度。建立规章制度应该理论联系实际，明确创业目的、经营业务、组织结构、部门职能、人事制度（特别是关于权、责、利的分配）以及奖惩制度和薪酬绩效等各个方面的内容。没有规矩，不成方圆，这些内容的约定能够保障整个团队按照既定的目标做好自己的工作，有助于理顺团队内部和外部的各种关系，促进团队工作的正常运行。

（3）团队流程管理。Elzinga 等（1995）学者将流程管理（business process management，BPM）定义为是一种以提高产品和服务质量为目标，分析、改善、控制和维持流程的系统化、结构化的方法。团队管理流程因为企业所在行业、文化的不同而不同，无法统一且不固定，但基本大同小异。目前团队管理流程已渐渐从线下转到线上，借助软件平台实现人与事的高效协调。团队流程管理的实施要依靠团队的执行力。一个好的团队一定是高效的，而高效就体现在执行力上。要做到这一点，团队领导者在下达命令时就应简单明了，明确奖励细则。

（二）创业团队建设的策略

在当今社会背景下，互联网技术的应用和推广有效地降低了投资成本，使投资和融资更加便利，更有利于满足创业需求，创业者可以围绕创业方向，利用网络平台，在更广阔的范围内寻找创业伙伴，以下几个方面为着力点，打造成功的创业团队。

第一，树立共同的创业理想，着力营造开放、包容、尊重、创新的团队文化。共同的创业理想是凝结创业团队的灵魂，只有团结的创业团队才有战斗力，也才有可能发挥每个成员的聪明智慧，才有可能创业成功。首先，当今社会给创业团队树立共同的创业理想带来了更多的挑战，创业者们必须时刻注意凝聚共识，不断提高自己的精神境界，加强思想道德情操培养，通过齐心协力、团结互助，进一步提升创业团队的整体实力，共同建构一支责任心强、理论水平高，具有很强的团队凝聚力、业务能力的团队。在团队中，只有每一名成员的能力得到充分发挥，才能形成整个团队的整体合力。在整个创业团队中，团队的负责人作为领袖，应该具备领导能力和大局观念，对待事件和问题应从全局的角度出发，考虑问题细致、周到、全面，决策到位，具有较强的决策力和执行力，同时善于利用每个成员的优缺点，做到扬长避短，并充分发挥好每个成员的长处，使团队整体功能实现最大化。各个成员作为整个团队的一分子，个人应该严格按照领导的分工，做好自己的本职工作，遇到问题多从集体利益的角度出发，时刻维护团队的形象。开放、包容、创新的团队文化，有助于整个团队的和谐发展，让每个成员的个人目标统一于团队的组织目标，这样做既有利于实现个体的自我价值，又有利于实现团队的整体价值。其次，将团队视为创业财富。闻名世界的沃尔玛公司，有一种非常独特的员工管理理念——把员工视为财富，任何一名普通员工佩戴的工牌都会注明"Our People Make Difference"（我们的同事创造非凡）。沃尔玛最独特的优势是员工的献身精神和团队精神，员工被视为公司最大的财富。从沃尔玛的员工管理理念可以看出，沃尔玛能做到全球连锁，除了它独特的经营优势之外，还和他的很多政策是分不开的，一条员工管理理念就值得所有企业管理者学习。同理，团队的价值更高，团队是企业的核心，更是企业的财富，创业靠的不仅是创业者自身的个人智慧和才华，绝大部分要靠团队，只有将团队视为企业的财富，只有当团队人员觉得有前途的时候才能产生工作的动力和奋斗的激情，团队才能更好地发挥自身优势，同时创造出更大的价值。最后，营造独特的企业文化。良好的企业文化能增强员工的凝聚力、强化员工的责任感、激发员工的使命感。而凝聚力在团队中是一股无形的精神力量，是一条无形的关系纽带，能将团队的成员紧密地联系在一起，使其为企业的共同目标而努力。团队的凝聚力来自团队成员的内心动力，来自共同的价值观。所以，要想增强团队的凝聚力还要形成共同的价值观。如果价值观不同，也可以以后期共同培养的方式来形成。企业价值观决定着团队凝聚力，关系企业的生死存亡。如果创业团队没有共同的价值观，从而没有凝聚力，就会使团队失去动力，走上灭亡的道路。

第二，打造学习型、成长型团队，着力构建科学合理、可持续发展的团队结构。从目前创业项目来看，由于创业的目的是市场化和盈利化，想要在市场上生存下去，仅仅只根据本专业学习的知识开展创业项目，则成功率很低。在创业者们作出决定的那一刻，就必须清楚地明白自己是否具有广博的知识，只有做足准备工作、以专业知识起家，加上过硬的管理、财务及法律等方面的知识才有可能创业成功。创业者需要具备基本的法律素养，但是也需要进行专业系统的培训，尤其是在股权、期权、分红权等涉及团队与成员的利益分配问题上要进行系统的学习。建立在此之上的融资、扩股、人事安排等问题更需要团队管理者予以考虑。这些问题没有统一的答案，需要管理者根据团队的发展状况和成员构成情况具体分析，确定一种适合自身发展的模式，并以法律文书的形式确定下来。创业者大致可以考虑以下几个问题。①差异化。不同成员的贡献是不同的，需要通过某种方式体现出来。②激励性。创业团队需要不断保持活力，只有激发新老员工的积极性，才能为企业发展作出贡献。③灵活性。创业团队一开始人数较少，经过一段时间的发展后，人员可能会增加或者团队发展方向可能也会发生改变，这就需要在制定相应制度时考虑灵活性，避免束缚自身手脚。同时，创业者也需要注重团队内个体人格特质的差异性。研究表明，异质性高的创业团队具备多样化特征及较强的适应力，可以应对创业过程中的多重挑战。团队异质性理论、团队创造力理论等，都认为异质性团队能提高组织的弹性与活力。Watson 等（1993）学者的研究也证实了相对于异质性低的团队，异质性高的团队创新能力更强，能激发更多的创意，遇到复杂问题时也能产生更好的解决办法。所以创业团队成员应该在能力上互补。例如，创新意识、自我效能感、成就动机、内控倾向、风险承担、学习能力、信息收集能力、人际关系、社会阅历、领导能力、专业技术知识等，在这些认知或行为风格维度上，则需要合理调整团队成员的角色来满足创业团队成员间的互补性或差异性，只有这样才能使创业团队所形成的团队人格完整地包含创业胜任力模型中的各项特征，组成完善的创业团队人格，使创业团队具有更强的弹性来应对创业团队中不同角色和任务的要求，避免某种模式过于极端带来的缺陷。这些机制有助于让团队成员产生公平感，促进团队向着可持续发展的方向前进。

第三，打造生命力强、实践性强的团队，着力构建面向未来、面向社会的运转机制。当代创业团队虽然数量众多，但是质量参差不齐，有的历经市场风雨的洗礼，已经创业成功；有的还停留于理论研讨、模拟运行阶段，一旦离开高校这个孵化母体，就无法适应社会，从而导致失败。另外，其成员往往抱着一种积累社会经验的心态，并不是专心创业。在创业的过程中一旦遇到心仪的工作岗位，就会立马停止创业，回到找工作、为他人打工的道路上来。因为大学生创业团队一般成员有限，每个人的分工不同，往往一个人的离开会导致整个创业项目的失败，所以打造一支生命力强的团队显得尤为重要。在日益激烈的社会竞争环境中，应充分利用社会资源解决所面临的困难。一要充分利用好政策法规，利用各地小微企业或科技企业的扶持政策，快速壮大自身实力，增强抵御风险的能力。创业团队应积极争取扶持政策，为自身发展争取更大的生存空间。二要切实利用好高校孵化平台，利用校企合作等模式，吸引人才，增强自身竞争力。三要善于发挥知识优势，充分运用新技术。要善于把当今社会企业管理运营的种种新技术应用于团队建设中，降低成本、提高效率，打造一支高科技创新型团队。

第十一章
创业文化

一、创业文化的内涵与特征

（一）创业文化的内涵

创业文化可看作社会文化中的一种亚文化，是一种与创业实践有关、反映创业群体价值观和思维方式的意识形态，是指与创业有关的社会意识形态、文化氛围，其中包括人们在追求财富、创造价值、促进生产力发展的过程中所形成的思想观念、价值体系和心理意识，主导着人们的思维方式和行为方式。Spigel 和 Harrison（2018）认为，创业文化是反映创业者、投资者、创业雇员等群体的价值观和思维模式的集合体。也有学者从宏观层面对创业文化进行定义。仲伟伫等（2012）将创业文化定义为在创业过程中创业者普遍表现出来的思想意识、价值观念、基本态度、行为方式，以及支持企业创新与创业活动的社会意识的总和。邓建生（2000）把创业文化定义为敢于开创事业的思想意识、价值观念以及鼓励创业的社会意识总和。

1. 创业文化的内容

Schumpeter（1934）和 Romer（1986）认识到创业文化的重要性，指出创业文化作为一种文化因素，对地区的经济具有显著的拉动作用。

（1）创业精神。创业精神是指在创业活动中，一个社会（包括创业活动过程中的多个参与主体）普遍表现出来的思想意识、价值观念、基本态度、行为方式等与创业有关的思想理念和精神状态。在这个过程中，创业精神是创业者们的精神动力，是企业诞生与发展的灵魂和精神支柱，其对创业活动产生潜移默化的影响。

（2）创新意识。创新意识是人们根据社会和个体生活发展的需要，引起创造前所未有的事物或观念的动机，并在创造活动中表现出的意向、愿望和设想。创新意识是人类意识活动中的一种积极的、富有成果性的表现形式，是人们进行创造活动的出发点和内在动力，是创造性思维和创造力的前提。创新意识包括创造动机、创造兴趣、创造情感和创造意志。具有创新意识，实际上是要改变传统的思维方式，改变传统的提出问题、思考问题的方式。

2. 创业文化的理念

1）积极培育创业精神——创业文化建设的核心

创业文化是与创业有关的社会意识形态及与之相适应的制度，它既包括有关创业的政策法规等制度规范，也包括人们对创业和财富的基本认识、价值标准、职业道德等创业精神。其中，作为社会意识形态的创业精神是创业文化的核心和灵魂，是设立创业制度，使人们敬业、勤业、创业和立业的基石。

创业精神把职业要求内化为信念、道德等，使创业者在任何环境下都能保持旺盛的斗志、乐观的情绪、坚定的信念、顽强的意志，在任何环境下都能自觉遵守法律法规、市场规则、公序良俗。

创业精神的形成与地域文化、地理环境、文化传统、经济制度等有着密切的关系。经过长期积淀的地域文化往往使人们的心理形成定式，成为人们思维和行为方式的主导力量，因此不同国家和地区的文化差异会造就不同的人们创业意识和创业精神。例如，美国硅谷鼓励创新、容忍失败；日本人崇尚合作、勤奋工作等等。而在某些地区特别是经济欠发达地区，人们往往小农意识严重，甘于清贫、小富即安、求稳怕变、不思进取。

对此，我们应当对地域文化中的积极因素进行总结、提炼和倡导，摒弃阻碍创业的糟粕思想，借鉴外来的创业文化，融入新时代的创业理念，以此来培育人们的创业精神，让人们把创业作为一种事业而非谋生的手段，让人们在创业过程中实现人生价值，体味人生乐趣。

2）树立新时代创业观——创业文化建设的方向

创业文化必须与时俱进，与变化、发展的时代相适应，在产品经济时代，创业者完全可以凭借艰苦奋斗的精神开创一番事业，但是今天的市场经济是买方市场，传统行业进入微利时代，竞争异常激烈。要在激烈的市场竞争中创业、立业，必须树立新时代的创业观。新时代的创业文化不仅包括艰苦奋斗、诚实守信、勇于冒险、不怕失败等传统创业精神，还应具备高科技、大市场、活资本等新理念，因此要尊重劳动、尊重知识、尊重人才、尊重创造。创业者不仅要活跃在传统产业战线，还要奋力拼搏在新的经济领域；不仅要投身国内市场踊跃创业，还要积极走出国门参与国际大市场的竞争。

3）建立长效发展机制——创业文化建设的要务

创业文化的建设并非一朝一夕之事，不能靠领导者个人的影响力或政府的短期行为来推动，而应当创新机制、体制，使创业文化的建设制度化、规范化，形成创业文化建设的长效机制。

建设创业文化要形成完善的创业教育体系，转变人们的观念。众所周知，美国的创业文化是有力推动美国经济持续发展的一个重要因素，其培育和繁荣在很大程度上依赖于正规的创业教育。目前，美国的创业教育已经形成了一个比较完备的体系，涵盖从初中、高中、大学本科直至研究生的正规教育。创业教育和管理的落后在一定程度上制约了我国创业文化的建设和发展，我们应当从中小学开始就重视创业意识和能力的培养，同时在全社会开展创业知识培训，促使社会成员具有良好的创业意识、创业精神和创业能力，形成赞赏创业、支持创业的社会氛围，从而有利于形成新的民族风尚和价值体系。

4）政府应公平和善治——创业文化建设的保障

政府的公平和善治对营造良好的创业环境尤为重要，因为这样可以减少创业者牟取各种不正当收益的机会，实现创业者的机会平等。善治要求政府切实转变职能，重商、亲民，支持、服务创业。公平要求政府为市场经济提供公平竞争的环境，以保护全民创业的积极性。

（二）创业文化的特征

1. 兼容并蓄的空间开放性

其一，高校创业文化集高校校园文化和创业文化的精髓于一体。高等教育赋予高校文化传承与创新、激发人的崇高理想和促进人类社会进步的伟大使命。大学校园文化提倡开放性、包容性，而非庸俗化、封闭化。创业文化鼓励开拓创新、推崇团队精神。高校创业文化将二者融会贯通。其二，中国高校的创业体制虽是"舶来品"，但我们并未一概排斥西方的创业教育理念及其理论体系和实践模式，而是取其精华，在实践的过程中将其本土化，努力开创具有中国特色的、符合我国高等教育改革和人才培养实际的创业文化培养之路。在开放的高校创业文化理念的指引下，培养具有社会适应性、发展性和贡献力的人才是新时代高校的重要任务。

2. 开拓进取的科学探索性

与以开拓进取、探索未知为核心的科学精神相一致的是创业文化中也蕴含着一种勇于探索、勇于挑战、敢于突破、敢于创新的精神，二者都充分体现了人类对精神文化和价值的理性追求。高校创业文化培育则是在遵循新时代高等教育发展规律的基础上追求这一科学精神的具体活动，有助于推动高校文化建设，以润物细无声之势造就学生开拓、探索、求真的精神气质，体现高校创业文化的独特内涵。一方面，高校创业文化使得高等教育改革直面社会现实与市场需求，不断探索适合时代发展需要的人才培养模式，充分彰显了我国科学理性的教育观和人才观。另一方面，高校创业主体在创业文化的培育下秉承敢于创新、勇于突破的科学精神走上创业之路，创业实践的过程就是运用科学理性思维分析问题、解决问题的过程。

3. 以人为本的教育实质性

以人为本凸显了对人的重视。培育创业文化的终极目的不是培养追求财富的人，不是培养唯利是图的人，不是把大学生简单地培养成商人、创业者，而是从促进人的全面发展这一基本立足点出发，通过加强学生的思想道德教育，提高学生综合能力，以带动学生创业，达到促进就业、增强他们社会责任感的目的，并培养大学生的创新创业精神与意识、提高创业能力。文化培育以育人为本，倡导以学生为中心、教师为主导，探求高校创业文化的真正本质。这也赋予高校创业文化提倡社会责任、倡导人文关怀、主张积极进取的精神内涵。

4. 扎根校园的文化外延性

校园文化是以学生为主体，以校园为发展空间，以育人为主要导向，以校园精神、文明为主要特征的一种群体文化。高校创业文化与大学校园文化有着密切的关联，是校园文化与时俱进、不断发展的纵向延伸。高校创业文化深深地扎根于高校这片创新创业的热土之上。

高校创业文化的实践主体是在校园文化的熏陶下利用自身知识和聪明才智踏上创业道路的当代大学生。高校创业文化以学生的全面发展为主要目标，是对校园文化以育人为导向的升华。高校创业文化基于大学创业环境发展而来，是高校校园文化的一部分，是一种树立创业意识、激发创业热情、增强创业能力、鼓励和支持创业行为等的集合体，与高校所弘扬的开拓进取、求真务实、不断创新的校园文化相呼应。

二、创业文化的实践

1. 美国"车库创业文化"

硅谷的很多企业都是在创始人的车库中"诞生"，如苹果、微软、惠普、迪士尼、谷歌、哈雷等。不管是乔布斯，还是比尔·盖茨，抑或是后来的马斯克，都在车库中靠着较低的成本，打造出创新性产品的原型，然后去找投资人。对于美国人而言，车库可能是人生不可缺失的空间，碰到问题首先选择自己动手，所以汽车维修、机器修理等各种制造工具都是车库必备的。慢慢地从修理到制造再到创造，不少人把制造新奇玩意当作生活中的重要爱好，久而久之，便有了"车库文化"一词。在美国，车库几乎与创业画等号，被视为美国超级企业的孵化器。车库文化就是创客文化，在美国几乎就可以与创业精神画上等号。开放包容的文化氛围，宽松而灵活的创业环境，勇于创新敢于吃苦的精神，让车库成为美国年轻创客们放飞梦想的摇篮。美国车库文化激发了人们勇于创新、敢于吃苦的精神，其本质是创造和创新，以及对未知世界的好奇和渴望。

2. 车库咖啡

"车库咖啡"是一种典型的开放空间型孵化器，由 ChinaCache 前投资总监苏菂于 2011 年 4 月创立，被中关村管委会评为"创新型孵化器"。苏菂将咖啡厅取名为车库，其灵感源自硅谷的车库。"车库咖啡"是目前国内创新型孵化器的典型代表之一，它既是创业项目与创业资本对话的平台，又是一种新型的创业孵化模式。这是一种通过营造成本低廉、信息开放、优雅舒适的洽谈氛围和办公环境，在创业者和投资者之间搭桥铺路，提供创业机会，帮助创业者成就创业目标和理想的模式。创业咖啡馆自诞生起就拥有丰富的互联网行业资源以及广泛的人际关系，而且这些资源及人际关系都是低成本、低门槛向创业者开放的。与其他创业孵化器相比，"车库咖啡"具有两个明显特征：一是无门槛；二是半公益。"车库咖啡"属于开放空间型的孵化器，与微软创投加速器这样的企业平台型孵化器或是创新工场类的"天使+孵化"型孵化器相比，"车库咖啡"并不需要高端的科学技术，也不需要建立规模庞大的产业基地，甚至不依靠投资基金的募集就可以成立。"车库咖啡"自成立之初就被定位为"为早期的创业者服务"，这是一种面向草根创业者的创业孵化模式，"无门槛"为所有想创业和有创业需求的创业者提供服务。"车库咖啡"以完全开放的姿态，为创业投资行业搭建一个平台，在开放的空间里，谁都可以来参与。对于初创企业来说，这样的平台是一个非常好的圈子，能够加入其中，将会在人才、资金、经验等方面获得各种所需资源[①]。

3. 美国硅谷创业文化

硅谷之所以能够长期保持创新的活力，要归功于硅谷长期以来形成的独特的硅谷文化——勇于创业、宽容失败、机会均等、容忍"背叛"、乐于分享。

对于爱冒险、爱挑战的硅谷人来说，创业从来都不是那么遥不可及，而是一种习惯、一种风气。在硅谷，下至教员上至校长，几乎每个老师都在办公司，几乎每个学生都在公司兼职或是自己创业。在这种充满浓郁创业气氛的环境中，创业是一种主动性行为，创业者将新技术或新应用的实现作为自己的理想，这种动力对于创业的成功至关重要。

硅谷人拥有十分健康的创业心态，他们能够直面失败，重新拔锚起航。在硅谷，创业失败是一件再平常不过的事情，一个人多次创业的情况时有发生，虽然95%以上的创业企业都会以失败告终，但是每天还会有成百上千的企业在硅谷成立。在这里，"失败是成功之母"得到了最好的诠释，对于失败的宽容气氛，鼓励着人们在这片创业的热土上放手一搏。

硅谷之所以能够不断吸引创业者，是因为相对于其他地方，这里提供给创业者的机会最多，也最为均等。硅谷是一个不迷信权威的地方，在这里，每一个人都被公平对待，所有人都必须凭借自己的能力而非资历说话。在硅谷，公司内部的升迁很少和毕业学校、学历、经历、名气和工龄挂钩，原来的下属通过努力成为上司的情况经常发生。这种不拘一格用人才的做法使得硅谷的公司能够更多地吸收新鲜血液，充满活力和竞争力。

硅谷的财富观有其独特之处，在这里，财富被群体分享而非被少数人独食。在硅谷创业的公司如果不给员工提供股票期权，几乎找不到技术人员，给员工提供股票期权也成为硅谷创业企业独特而高效的用人方式。拥有股票期权的员工可以按事先确定的价格购买自己公司的股票，只有未来公司的股价上升，股票期权才有意义，这就将员工的利益和企业的发展紧紧地绑在了一起。如果未来企业创业成功，持有股票期权的员工将和企业创始人一起分享成功。

三、大学创业文化

习近平同志指出："青年人是全社会最富有活力、最具有创造性的群体，也是推动创科发展的生力军。要为青年铺路搭桥，提供更大发展空间，支持青年在创新创业的奋斗人生中出彩圆梦"[②]。大学生创业者是当前中国创业浪潮中重要的创业群体之一，他们的价值观和行为取向对我国创业事业发展将会产生重要影响。

（一）大学创业文化的内涵

文化是一种复杂的、多层次的现象。文化包括精神文化、制度文化和物质文化等。

[①] 雷国慧. 2018. "车库咖啡"模式下大学生创业孵化基地建设模式探索[J]. 广西教育，（47）：182-184.
[②] 香港故事｜香港创科青年的奋进一年[EB/OL]. http://www.news.cn/gangao/2023-07/01/c_1129727459.htm，2023-07-01.

（1）精神文化。大学创业文化更多地与学校"传道授业解惑"的本质相关。芮鸿岩等（2010）认为，大学创业文化是指大学在实施创业教育过程中形成的崇尚创业精神、鼓励创业行为、宽容创业挫折的文化。首先，形成大学创业文化的主要群体是大学生；其次，大学创业文化形成的过程与大学创业教育实践密不可分；最后大学创业文化反映的是作为大学创业实践主体的大学生关于创业所具有的价值观和信念等。

（2）物质文化。创业物质文化是为鼓励和推进大学生创业，由高校与地方政府联合建立的各种物质设施（如大学生创业园、大学生创新实验室、大学生创新创业实习基地等）构成的有形文化。它是大学生创业文化的最表面层次，是创业文化向外传播的有形载体。

（3）制度文化。创业制度文化既包括学校为鼓励、引导、推进创业教育改革和开展创业实践而出台的一系列规章制度，也包括各级各类社会制度中关于高校创业教育、创业实践的有关内容条款，是为调节和规范高校师生员工与创业活动相关的规章制度的总和。

（二）大学创业文化的培养

创业文化凝聚了现代化浪潮中以改革创新为核心的时代精神，促进了中国特色社会主义文化的大繁荣、大发展。高校作为建设社会先进文化的主阵地，继承、发扬并引领社会风气之"弄潮儿"，创业文化在高校内以独特的姿态存在着。如何将创业从自上而下的国家意志转化为自下而上的全民行为，这就需要高校创业文化培育在其中发挥重要作用。高校大力推进创业文化培育，激发高校大学生的创业意识，提高他们的创业能力，不仅可以有效缓解严峻的就业形势，还可以促进高校自身发展，服务于创新型国家建设。

1. 以立德树人引领高校创业文化

立德树人是教育的根本任务，为高校创业文化的培育提供了明确的方向。因此，以立德树人引领创业文化，需围绕创业者需立何德、高校应培养何种创业者展开。

（1）以家国情怀构筑高校创业文化的内核，强化对创业核心价值观的引领。古语有言"修身、齐家、治国、平天下"，这既是创业核心价值观的逻辑基础，同时也体现了国家、社会、个人三个不同层面的递进与统一关系。但在实践中，高校仍存在不自觉地将三者割裂开来的现象，或侧重于其中的某一层面，或将三者对立起来。基于此，对高校创业教育而言，创业文化培育应做到"辅之以诚，导向以真"，要使学生在接受创业教育的过程中，更多地把对国家和社会的使命感内化为自身的信仰。具体而言，创业教育应更多地宣扬正确的核心价值观，让学生清楚地知道哪些创业者的观念与行为是值得学习的，以便更好地将创业意识、观念与社会主义核心价值观保持和谐统一。

（2）以社会责任意识强化高校创业文化，增强对社会价值层面的指引。《论语·雍也》提出："己欲立而立人，己欲达而达人。"该思想映射到创业实践中则体现为创业者的双重责任——经济责任与社会责任。但在创业教育过程中，我们却常常偏重从个体物质实现层面来评判创业成功与否，使部分学生不自觉地把实现盈利当作创业的核心驱动力，把能赚更多钱的创业者当成学习的榜样。而事实上，这一过程中忽视了社会价值的考量、道德公益的考量，把创业简单地等同于赚钱的一种方式，而非学生实现自我价值与社会价值相统一的途径。

（3）以创新、包容构成高校创业文化的重点，深化对创业精神层面的引导。创新是推动发展的第一驱动力，鼓励探索、激励创新是实施创新驱动发展战略的题中之义，也是高校创业文化建设、创业人才培养的重中之重。特别是在新一轮科技革命、产业变革兴起的新时期，创新精神、创新能力培养等都应被纳入创业人才培养体系，尤其是高校创业文化建设体系之中。同时，创新也往往伴随着较高的失败率，包容个性、允许失败、认可批判的精神则是崇尚创新、积极进取的一种内在保障。通过"不以成败论英雄"的精神引导，我们要为学生灌输"失败的创新仍然受人尊敬"的积极理念，从而减轻创新创业者的心理包袱，让学生更敢于创新、更愿意尝试创业。

2. 以"创新使命"审视高校创业制度文化

高校的创业文化需要通过师生的认同来彰显，并通过相应的制度来保障。一般来说，狭义的高校创业制度文化往往直观地体现于创业课程制度、创业类活动组织制度、创业资助制度以及其他鼓励创业制度中。这些制度应具有鲜明的责任导向，指导师生以德性领航、大胆尝试，在创业追求中始终不忘"创业应当促进社会创新进步"的基本使命。同时，创业制度文化建设中的责任导向，应与本校师生的传统习惯有机融合，并落实到高校最基层。创业制度文化建设的重点，是要积极引领本校师生创新创业习惯的养成，只有这样才能使高校创业文化接地气、有生命力，才能使高校创业文化根基稳健。高校在创业制度文化建设中，应针对区域经济社会需求、学校办学定位完善相应的制度体系，既着眼于顶层设计，又要关注细节突破，使高校基层部门在创业教育中的创新意识被充分激活。

3. 以责任意识丰富高校创业物质文化

首先，物质设施和环境是高校开展创业教育活动的空间。这些物质设施和环境在建设中，无时无刻不受到创业文化的影响，建成后的创业教育活动空间又会在无声无息中不断传达出创业文化的各种信息。高校在创业物质空间建设过程中，不仅要注重与创业有关的有形物化体的丰富和完善，更应关注其背后所传达的价值导向。目前，许多高校都已开设校内创业园、众创空间、创业学院，对这些场所、设施及物品所彰显的人文精神与文化底蕴的关注不可忽视。高校各类空间中都会在不经意间地传达与创业相关的信息和观念。这些信息和观念不应只限于体现"创业可以更好地实现自身价值""人人都可以尝试创业"等方面的内容，更应体现"有德行的创业是最值得尊敬的""投身创业是一件奉献社会的高尚事情"等方面的内容。高校对创业动机激发不应仅是个人成就的驱动，更应是责任驱动、社会使命驱动，而这些也应当通过物化载体不断呈现。其次，空间布局会深刻地影响人与人之间的交往方式和习惯。固定的教室讲台与书桌，容易在无形中营造出"教师是课堂的中心""教师讲学生被动听"的氛围，故而会抑制学生的创新思维。而更加开放、鼓励互动的学习和生活空间显然有助于提升学生的参与意识，从而更加强化个人在校园群体环境中的存在感，使其会更负责地思考"我是谁""我应当做什么"等问题。除了课堂空间建设之外,大学生宿舍作为学生日常生活的主要空间,也在其中起着至关重要的作用,但目前其存在的问题尚未引起各界重视。比如,大部分高校宿舍已实现了学生"足不出户"便可满足日常生活需求,但这种便利也不可避免地产生负向效应:人和人之间开始变得"不熟"了,学生在宿舍生活中的"彼此割裂化"的状态特征明显。高校应通过改善学生宿舍公共空间和物质设施的布局,鼓励学生在交往中创新,进一步倡导责任意识,进而丰富高校创业物质文化。

4. 以知行合一强化高校创业行为文化

高校创业行为文化是高校师生在日常学习生活中表现出来的与创业相关的特定行为方式和行为结果的积淀,是高校创业价值观念的重要呈现,也是高校创业制度文化的现实延伸。因此,要以知行合一强化高校的创业行为文化,更多地着眼于师生行为习惯的养成。高校应通过各种方法和渠道,让更多师生更频繁地看到、了解到身边的普通人是如何尝试创业、支持创业以及如何从事与创业活动相关的事情的。

同时,高校创业行为文化建设中,也应当以知行合一的视角理性审视高校现有创业课程和活动,大胆调整那些空洞的、形式大于内容的课程和项目。特别是要有甄别、有选择地引导学生积极参与与学科专业相关、与解决本地区和本行业发展的现实问题相关的各类比赛竞赛,这是引导高校师生更多地结合所学、面向现实的有效方法,也是实现高校创业行为文化知行合一的重要路径。

此外,强化知行合一的高校创业行为文化,需要激活最普通学生的创新创业活力,让学生在校内有更多的机会进行微商业性质活动的尝试。众所周知,大学校园内师生的消费市场广阔,因此学校可组织校内商户与社会组织给予学生创业活动更多的帮助与指导,让学生"不出校门"就能得到创业的机会。同时,各高校也可深度挖掘各自的专业学科优势,引导和吸纳更多有责任感的校友回到校园或在学校周边创业,使在校学生能看到大量贴近自己的创业榜样,从而形成在做中学、在参与调研中学的良好风气。

(三)大学创业文化的四大融合

1. "学业+创业"的融合

首先,创业文化要为培养学生的可持续发展提供文化养分,注入不竭动力。创业教育要紧扣人才培养目标,站在人的发展的起点上,着眼于对人的综合素质的培养,思考、设计和实施创业教育内容,面向全体学生,在整个校园生活中渗透创业理念的培养和创业技能的训练,培养和激发学生的创业意识、创业精神和创业能力,促进创业人格的养成。

其次,创业文化的价值取向上,要坚持创业基于学业的原则。学业是可持续创业的前提和基础。比较而言,学生完成学业,可以提高应对挑战的能力和再次就业、创业的能力,降低创业风险。学生在创业与学业的关系上有四种选择:一是在学业顺利完成后去创业;二是在学习期间抓住创业机会,利用课余时间创业;三是选择休学,待创业有成之后再继续学业;

四是为了创业，丢弃学业。创业教育要结合学生实际和创业机会，尊重学生个性特征，遵循市场规律，引导学生正确处理学业与创业之间的关系。如果过于强调创业热情而忽视理性分析，为激情创业而放弃学业，一旦创业失败，会因为缺乏应有的学业基础和基本素养，更容易陷入绝境，难以寻求更好的发展时机。因此，除了有针对性地鼓励部分确实具有创业条件和能力的学生，把握时机，尝试创业探索与实践，创业教育要更多地引导学生树立"学优而创"的创业思想，将创业建立在学业顺利进行的基础之上，让学业为创业提供知识和能力支持，让创业为学生完成学业提供实践平台。因此，创业教育要树立正确的价值观，营造科学的创业教育氛围和创业文化，重视和加强文化引领。

针对不同的学业特点，设计个性化的创业文化。专科、本科、研究生等不同阶段的学业培养目标具有差异性：有的是培养技术型人才，有的是培养管理型人才，有的是培养研究型人才。创业教育要针对不同的培养目标和学业特征，设置不同的创业教育任务和内容，建设有机衔接、科学合理的创业教育专门课程（群）和阶梯式、递进性的创业教育体系。结合不同培养方向和不同阶段的学业任务，针对性地建设具有个性特点的创业文化，实现创业文化与学业文化的高度匹配，让创业文化在不同院校、不同类型的学业文化中自然生成，实现创业文化与学业文化的生态化耦合。将创业文化融入学业文化，引导学生在完成学业的过程中不断加深对创业的认知和理解，自觉培养相应的商业知识和金融素养，积极参加与学业培养目标相适应的创业培训和创业实践活动。在个性化设计和建设创业文化的基础上，以大学科技园、孵化器为载体，搭建跨类别、跨阶段、跨学科的综合平台，鼓励和吸引不同院校、不同层次、不同专业的学生共同组成创业小组，开展产学研相结合的高水平创业活动，促进创业文化的融合和升华。

2."专业+创业"的融合

创业者既要有超强的开拓精神，也要有扎实的专业基础。没有创新创业的延伸，专业的学习往往停留于知识积累的层面，达不到启发智慧的境界。没有专业课程作为基础支撑的创业教育犹如无源之水、无本之木，难以培养学生的实际竞争力和可持续发展的创业能力。

构建"专业+创业"的复合型文化体系，不能将专业要素和创业要素进行简单叠加，将管理学、经济学类的课程机械地移植到其他专业之上，而是在专业教育的课程内容和教学环节中有机地融入创业要素。一方面，要对原有的专业培养模式和案例教学、项目教学、模拟教学和角色扮演等教学方法进行创新，丰富专业课程内容和教育形式。美国一些院校对非商学专业，如农业、机械、环境科学、艺术等专业进行创业课程整合，构建"专业+创业"的复合型文化体系。美国康奈尔大学开设了诸如"创业精神与化学工程""设计者的创业精神"等课程，爱荷华大学的表演艺术系与创业中心合作，开设了表演艺术创业班，要求学生至少修满20个学时的艺术创业类课程，通过创业课程与专业课程内容的紧密结合，促进专业文化与创业文化的交融。另一方面，在创业教育的课程设计和开发过程中，根据专业教育需求，调整创业文化的建设目标和创业教育内容，挖掘专业课程的创业教育资源，有针对性地增加与专业相关的技术研发管理、新产品开发、技术创业、生产运作管理等课程内容,建设循序递进、有机衔接、灵活机动的创业课程模块,将技术性强的专业与创业技能有机结合起来,培养学生"专业+创业"的综合素养。

3. "行业+创业"的融合

行业文化是指行业在长期发展过程中逐步形成的,并为本行业员工所认可的行业精神、行业价值观念及其行为方式。构建创业文化,要自觉地借鉴和吸纳包括行业价值观、行业精神、行业战略目标、行业经营理念在内的行业先进文化,建设和塑造包含行业文化要素的创业文化,并渗透人才培养的全过程。行业文化与创业文化的融合,有利于高校引导学生了解行业发展历史,识别投资资本、熟练工人和创业知识等创业资源要素,并采集和分析创业所需要的行业信息。

首先,创业教育要汲取行业的标准、制度和管理经验,引导学生养成适应行业发展需要的创业能力和素养。其次,提高企业家和行业能工巧匠参与创业教育的广度与深度。学校应通过与企业家、能工巧匠的合作,打通学校与行业的信息互通渠道,促进学校文化与企业文化、创业文化与行业文化的融合。按照企业标准将教学场所、教学环境设计为教学工厂,建设具有行业文化氛围的"校中厂""厂中校"等相关实训场所,为学生提供模拟企业文化环境或真实行业的场所,改变创业教育与社会实际脱节的现象,使学生在实践过程中获得直接的行业文化体验,获得行业环境中的创业体验,缩短学生毕业后进入行业的过渡期和磨合期。

4. "职业+创业"的融合

创业教育不能只关注"毕业"这个时间节点,不应仅着眼于培养学生申请开办企业的能力,而应立足于学生职业生涯的可持续发展,以职业能力培养为主线,培养学生整个职业生涯所需要的品质、能力和素养,让创业成为拓宽和延续职业生涯的路径和方式。

创业教育与职业生涯教育协同推进,引导学生结合职业生涯寻求创业机会,通过创业实践拓宽职业生涯发展路径,实现职业生涯与创业实践的有机融合、相互促进。在创业文化建设过程中,要自觉吸纳包括职业道德和职业行为规范在内的职业文化,完善创业文化体系,优化创业教育的培养目标和终极追求,丰富创业教育的内容、路径和方法,并将创业文化融入创业教育的全过程,实现从培养简单意义上的企业创办者向培养终身创业的职业人转变。

首先,增强职业责任感,强化学生创业的社会责任感。创业教育过程中,通过职业文化和职业生涯教育,引导学生按照现代社会职业人的素养和能力要求,提高对职业的认识水平,锻炼和储备未来职业发展所需要的能力,培养终身创业能力,把自己塑造成适应时代需要的现代职业人。明确创业活动应该承担的社会职责和义务,增强对社会岗位的敬畏感和承担职责的使命感,形成稳定的创业态度和积极的创业体验,并逐渐内化为岗位敬业感和职业责任感,形成一个创业者应有的社会责任感。

其次,增强职业适应力,培养学生的创业竞争力。引导学生从职业需求的角度,更具针对性地学习相应的创业知识,培养相关能力,把创业能力和职业规划能力、职业生涯适应能力结合起来，实现创业素养与职业素养的融合，避免填鸭式的创业知识学习和纸上谈兵式的创业能力锻炼，让创业理想更加贴近职业环境，更加适应职业需求。引导学生从整个职业生涯的发展角度，培养终身学习的习惯和能力，从而不断增强在职业技能和职业竞争上的优势，增强终身创业的可持续竞争力。

最后，增强职业幸福感，提升学生创业的事业成就感。在创业教育过程中吸纳职业文化，培养学生现代职业精神和乐观向上的态度，增强学生在职业生涯中基于需要得到满足、潜能得到发挥、力量得以增长所获得的持续快乐体验。

（四）大学创业文化的影响

良好的创业文化具有强大的影响力，既能吸引人们去关注创业的方方面面，更能鼓励人们在适当的时候进行创业的尝试，从而为实现"大众创业，万众创新"提供强大的文化支撑。

1. 创业文化的熏陶使创业参与者更具自觉性

文化具有潜移默化、深远持久的特点。在高校师生的学习与生活中形成特有的创业文化氛围，对于其创业观念与行为能够产生潜移默化的影响。一方面，创业文化氛围能影响大学生的创业热情；另一方面，创业文化氛围也能影响大学生的是非观。在良好的创业文化氛围中，大学生会对创业行为有较高的道德要求，当其看到其他创业者身上有违背创业道德或不利于社会发展的行为时，会本能地产生观念上的警惕，并对其给予负面评价与作出不同程度的抵制行为。同时，当高校师生在创业教育和创业实践中出现违背创业道德的行为时，自身会产生道德上的愧疚感，进而改正自己错误的行为，这是创业者在创业文化影响下对自身行为的一种纠偏。

2. 创业文化的引领使创业行为选择更有方向感

文化的重要意义是深刻的，会直接影响大学生习以为常的价值取向。大学创业文化会影响高校师生对创业行为的正确认识，关系着师生对创业好坏、美丑、善恶的基本看法，进而影响人们的创业行为选择，也影响着人们对他人创业行为的态度选择。党的十九大明确提出"落实立德树人根本任务"。2019年，习近平同志在学校思想政治理论课教师座谈会上强调，"将社会主义核心价值观融入教育教学全过程"。高校创业教育中如果缺少优秀的创业文化的引领，很容易沦为单纯的创业技能教育，同时也会导致价值观出现偏差。优秀的大学创业文化具有潜移默化的持久育人的功能，能让学生学习并提高判断能力、选择能力，从而规范自己的创业行为。高校创业教育中应当引导学生明白：评判创业者是否成功不能简单地依据其创业业绩的优劣，而应当用更全面正确的创业价值观来探究，否则容易陷入判断的群体性误区。价值不是简单的行动指南，因为它们时常是自相矛盾的。在很多情境中，我们的核心价值观深刻地影响着我们的选择。因此，大学创业文化的重要性在于：学生在参与创业教育和参与创业活动时，越来越确信他们为什么要这样做，进而完成创业活动的现实社会建构，使得学生正确理解社会创业现象，进而更加明白自己的责任使命，从而解决应该怎么做的问题。

3. 创业文化的共享使创业教育更具有普适性

共享性是文化的重要特征之一，强调文化带来的意识、价值观或行为会被一个群体的绝大多数成员所拥有或认可。在具备良好创业文化的高校中，大部分教师会不自觉地把创业意识融入课程教学中，使学生受到正确的创业价值观的影响。事实上，无论创业教育如何普及或深入，最终直接走上创业道路的学生毕竟是少数。因此，相较于直接讲授创业技巧，高校更应通过营造良好的创业文化氛围，使学生普遍具有正确的创业意识、创业价值观，这将会对学生持久发展具有更加重要的意义。大学创业文化对社会态度导向具有重要影响，并且主要体现在两个方面：一是社会对创业行为本身的认可度；二是社会对创业结果的接受度。认可度就是创业文化的支持作用，而接受度则包括对选择创业类型和形式、产生什么样的结果等的接受能力。文化能影响社会群体对创业者和创业行为的态度，包括如何面对创业失败等，进而能够产生驱动或者阻滞创业倾向的效果。

4. 创业文化的适应性使创业教育更具个性化

文化具有适应性，即群体成员在互动中，不断地受到自然环境和社会环境的影响，并不断地适应自然环境和社会环境。不同地区的高校，在接受创业教育过程中受本地区自然环境和社会环境的影响，会形成一系列习惯性做法和正式或非正式的规范，使其创业文化更贴近地域实际，与本地区的传统文化互生共养。经过多年的探索，国内很多地区的高校创业教育已经具有鲜明的地域特色。比如，义乌工商职业技术学院毗邻义乌小商品市场，该校的创业教育深受义乌勇找商机、敢为人先的创业文化的影响。文化的适应性使创业教育更具个性化，使文化要素能更深层次地嵌入于创业生态系统之中，对高校创业教育产生有所为有所不为的价值引导作用，进而更有效地指引高校的创业教育举措与本地区经济社会深度互动乃至融合。可以说，充满个性、具有地域特色的高校创业文化能获取更多的理解与支持，并能使创业教育更有成效地转化为服务区域经济社会发展的现实力量，从而提升创业教育的现实价值。

第十二章
创业计划书

一、创业计划书的内涵与作用

（一）创业计划书的内涵

创业计划书作为一种书面文献，创业计划书是企业或项目单位为了达到招商融资和其他发展目标，在经过前期对项目科学调研、分析、搜集与整理有关资料的基础上，根据一定的格式和内容的具体要求而编辑整理的一种向投资者全面展示公司和项目目前状况、未来发展潜力的书面材料，能够为企业执行战略和计划提供值得借鉴的"地图"[1]。创业计划书作为全方位描述与创建新企业有关的内外部环境条件和要素的书面文件，旨在阐述商机的意义、要求、风险和潜在收益，以及如何抓住这个商机。它涵盖新企业创建中所涉及的市场营销、生产与运营、产品研发、管理、财务、关键风险以及一个完成目标任务的时间表。可见，创业计划书首先是一种吸引投资的工具，同时也是公司长远发展和企业管理与操作的行为指南。

正如美国俄亥俄大学创业研究中心主任罗伯特·F.谢勒所言："商业计划必须受到重视。创业之路如同航行在大海之上，漫无边际，深不可测，所以必须认真调查，花费时间，制定合理的商业计划。"[2]

根据用途来分，创业计划书主要分为三类：一是创业团队内部使用的计划书；二是给合作机构看的计划书；三是给投资人看的计划书[3]。三类创业计划书的对象、篇幅及用途有所不同，如表 12-1 所示[4]。

表 12-1 创业计划书的类型

	对象	内容结构	篇幅和形式	用途
第一类	创业团队内部骨干	结构全面	大于 50 页 word	内部工作指导文件
第二类	合作机构	重点	10~15 页 word	吸引合作机构
第三类	投资人	言简意赅	10~15 页 PPT	融资

---

[1] 布鲁斯·R. 巴林杰. 2016. 创业计划书 从创意到方案[M]. 陈忠卫, 等译. 北京: 机械工业出版社.
[2] 转引自杰弗里·蒂蒙斯, 小斯蒂芬·斯皮内利. 2005. 创业学[M]. 6 版. 周伟民, 吕长春译. 北京: 人民邮电出版社.
[3] 孙洪义. 2016. 创新创业基础[M]. 北京: 机械工业出版社.
[4] 黄远征, 陈劲, 张有明. 2017. 创新与创业基础教程[M]. 北京: 清华大学出版社.

(二）创业计划书的作用

创业计划书是创业者的创业蓝图与指南，也是企业的行动纲领和执行方案，对创业者获得创业成功具有重要意义。一份结构清晰完整的创业计划书，能够作为公司宪章性的综合文件，同时也是创业者叩开投资者大门的敲门砖。创业计划书主要具有内外两方面的作用：对于内部而言，创业计划书可以促进创业者了解企业行情、促进创业团队协作沟通；对于外部而言，创业计划书可以助推吸引融资企业参与投资、增进合作企业交流分享。总之，创业计划书对创业者、创业团队、融资企业、合作企业都有重要的作用（图12-1）。

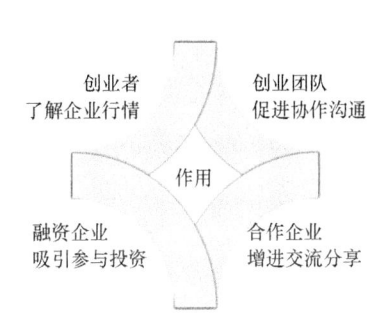

图 12-1　创业计划书的作用

1. 促进创业者了解企业行情

撰写创业计划书可使创业者系统地思考创办新企业涉及的各个因素[1]，帮助创业者团队厘清创业思路，明晰企业发展蓝图、战略、资源以及人员匹配情况。通过制定相应的创业计划，创业者会对自己企业的各个方面有一个全面的了解。当创业者决定把一个商机转变成一个完整的商业计划时，就必须思考、推理并付诸行动。撰写创业计划书的重要价值在于，它可以更好地帮助创业者分析目标客户、规划市场范畴、形成定价策略、对竞争性的环境作出界定，并帮助创业者在其中开展业务以求成功。

（1）撰写创业计划书可以促使创业者了解企业。撰写创业计划书是一项集辛苦、创造性和重复性于一体的工作。新的见识、新的灵感常会在写作过程中"灵光一现"，起初前景尚不明朗的商机可能会显示出较大的发展潜力。这将迫使创业者审时度势、客观理性地评判新创企业。创业计划书所包含的产业分析、市场分析以及财务分析，将使创业者更加全面、更加清醒地检查企业预期成就与现实之间的差距，从而帮助创业者了解企业的优势、不足及需要改进的地方，了解企业的产品服务特点、业务模式、营利模式、客户特点等，以便进一步提升企业的核心竞争力。

（2）撰写创业计划书可以促进创业者了解行业情况。创业计划书不是孤立静态的书面文本，撰写创业计划书也不是一项微不足道的工作，完成一份精心设计的创业计划书通常需要花上数日或者数个星期进行市场调查研究[2]。产业行会能够向创业者提供有用的统计数据和其他信息，并帮助创业者确定是否存在足够的市场潜力为创业者带来取得成功的机会。创业者通常会定期地接触潜在顾客、供应商、商业合作伙伴和其他人，从而在了解行业情况的基础上撰写科学完整的创业计划书，以此来检验创意的逻辑性与一致性。在这个过程中，创业计划书有机会得到专业人士的指导，发掘创业过程中所蕴藏的新机遇或是不足，借助信息反

---

[1] 杰弗里·蒂蒙斯，小斯蒂芬·斯皮内利. 2005. 创业学[M]. 6版. 周伟民，吕长春译. 北京：人民邮电出版社.
[2] 贺尊. 2012. 创业计划书的撰写价值及基本准则[J]. 创新与创业教育，3（5）：77-79.

馈来促进创业计划的调整、改变。创业计划书使创业者对创业项目有了更加清晰的认识,对经营活动有了更加完善的行动方案。总体而言,创业计划书的制定使目标得以量化,能够令创业者了解企业行情,从而保证了方方面面能够协调一致。

2. 促进创业团队协作沟通

创业计划书不仅是创业者成功创建新企业的运营路线图,还是管理新企业的纲领性文件和执行方案,对企业的远景和未来计划都作出了陈述,是统一企业员工思想、齐心协力沿着新企业发展目标前进的路标。制定创业计划书需要创业团队协同合作,这能够令创业团队保持统一的、有目的的行动方向。

首先,创业计划书能够增强创业团队的协作能力。一份完善科学的创业计划书需要创业团队的协同付出,需要所有的部门、所有人共同努力,紧紧围绕企业目标,相互协作、相互配合,只有这样才能做到寸土必争,充分发挥一加一大于二的团队效应。这促使创业团队仔细考虑企业的各个方面,从全局出发,使最重要的目标和事项达成一致。

其次,创业计划书能够增强创业团队的沟通能力。如今,随着经济全球化、网络信息化,线上办公逐渐普及,这就令创业团队成员缺乏一定的面对面沟通的机会,也导致他们的地理位置相对分散,而通过制定创业计划书有利于信息的传达、反馈与互享。通过线上座谈会、同事间面对面的沟通,令双方不仅能了解言语的意思,而且能够了解肢体语言,如手势和面部表情等的含义,有利于进一步增进同事间的情谊。

3. 吸引融资企业参与投资

首先,创业计划书能够增进融资企业对创业企业的了解。创业计划书是企业的推销性文本,可以为年轻的公司向有前景的投资者、供应商、潜在的合作伙伴及其他人士等提供一种展现自我的途径,当投资者具有初步投资意图之后,他们需要仔细地审查创业计划书。投资的意愿是以他们对创业价值的全面审查为基础的,包括是否存在法律纠纷、商业计划中确定的权利诉求是否得到满足且具有现实可行性,以此来提高对企业的信任度。

其次,创业计划书能够节约融资企业筛选时间。创业计划书是争取项目融资投资的敲门砖。投资者每天会接收到很多创业计划书,因此创业计划书的质量和专业性就成为新创企业获得投资的关键。创业者在争取获得风险投资之初,应该将创业计划书的制作列为头等大事。如果这是一份高质量且内容丰富的创业计划书,那么将会使投资者更快、更有效地了解投资项目,将会使投资者对项目充满信心,并可能投资该项目,最终起到为项目筹集资金的作用。

4. 增进与合作企业的交流分享

创业过程中,创业者需要找到一个战略合作伙伴,以期使企业更加充满活力,而通过创业计划书能够增进合作伙伴之间的交流合作,为业务合作伙伴和其他相关机构提供信息。

首先,创业计划书能够增加合作企业对自身企业的了解。创业计划书中展现的相关内容,可以向业务合作伙伴和其他相关机构提供必要的合作信息,最终促成双方或多方合作。比如,当公司需要向其他某个陌生领域发展时,就可以撰写创业计划书,根据各方共通的价值理念和具体需求点切入,打开初步尝试合作的入口,向该领域的某个公司、团队或个人表达自己寻求合作的愿望,如果对方也能在合作中得到相应发展,最终双方就可能结成战略合作伙伴关系,实现共赢。

其次,创业计划书能够增进与合作企业的交流分享。在人力资源管理工作中,沟通是作好人员管理的关键,良好的沟通能够激发员工的工作热情和工作潜能。编制创业计划书能够增强合作双方信息沟通的及时性、准确性、简洁性、完整性,从而提升沟通效率,避免合作企业成员对企业目标不清晰、不一致,对资源和条件不了解,产生战略失焦、战术莽撞、成员误解、重复投入等问题。

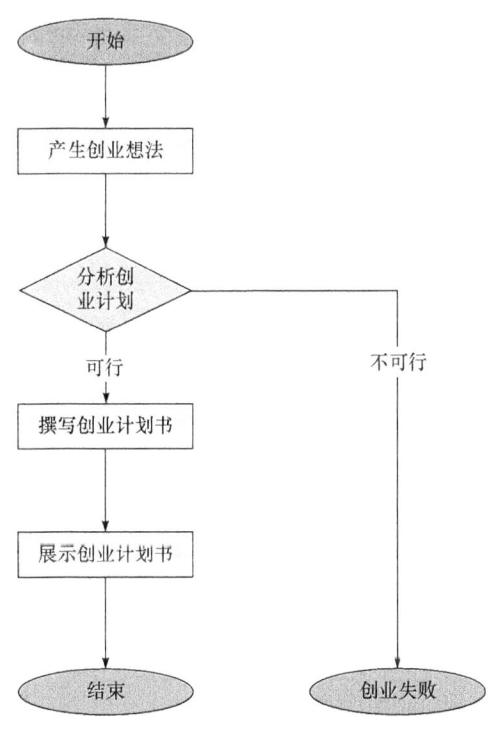

二、创业计划书的编制流程

创业计划书的编制流程包括:①产生创业想法;②分析创业计划,开展全面的可行性分析,检查创业计划书中的每一步程序是否能够有效实施;③撰写创业计划书;④展示创业计划书。具体流程,如图12-2所示。

图12-2 创业计划书的编制流程

(一)产生创业想法

创业源自创新,创新始于创意。任何创业机会都不会凭空而来,它来自创业者勤奋的努力和灵感的迸发。Timmons 和 Spinelli 认为，创业机会是通过把资源创造性地结合起来，迎合市场需求（或兴趣、愿望）并传递价值的可能性[1]。成功识别创业机会，并对创业机会进行科学、理性、系统的评价，是创业活动成功的起点和基础。创意从哪里来，如何判断创意是否能转化为创业机会，对于创业者来说，这是他需要面对的第一个问题。

创业创意主要来自日常生活中的问题意识，能够解决问题并提出新思路、新点子、新方法，都可以称为创意。例如，20 世纪 70 年代索尼公司注意到年轻一代有享受音乐的追求，因此把耳机、播放工具、简约功能等元素结合起来，生产出了世界上第一款随身听 Walkman。Walkman 以新颖的便携性和并不缩水的性能迅速风靡全球，引领了数码产品的潮流。那么这种问题意识如何凝练呢？一般而言，创业公司创业想法的形成可以通过以下几种途径获取。

1. 头脑风暴法

头脑风暴法由美国 BBDO 广告公司的亚历克斯·奥斯本首创。具体过程是：小组人员在正常融洽和不受任何限制的气氛中以会议形式进行讨论、座谈，打破常规、积极思考、畅所欲言，充分发表看法[2]。

2. 焦点访谈法

焦点访谈法也叫焦点小组座谈会，是收集信息和资料的一种重要方法，即召集一组与研究主题有关的同类人员对某一研究议题进行讨论并得出结论[3]。通过严谨有层次的提问架构，通过适当设计各层次的问题，提问者可客观、中立而全面地了解与会者对于事实的不同认知、各自的感受及多元的观点，焦点访谈法能够帮助企业和咨询公司深入了解消费者的内心想法。

3. 问卷调查法

问卷调查法是国内外创业调查中使用得较为广泛的一种方法。问卷是指为统计和调查所用的、以设问的方式表述问题的表格。问卷调查法就是研究者用这种控制式的测量对所研究的问题进行度量，从而搜集到可靠的资料的一种方法。问卷调查法大多用邮寄、个别分送或集体分发等方式发送问卷，由调查者按照表格所问来填写答案[4]。与头脑风暴法和焦点访谈法面向特定的人物不同，问卷调查法的对象是不特定的人群。创业者可以针对创意收集各方面的信息，对创意进行调查和分析；也可以针对非特定人群展开问卷调查或者网络调查，收集他们的意见和需求，以调查创意相关背景资料，目的是了解与创意有关的市场、资源、技术、行业、产业等信息，并从这些方面对创意进行改进。

4. 心智图法

心智图法是一种刺激思维及帮助个体整合思想与信息的思考方法。此法主要采用图志式

---

[1] Timmons J, Spinelli Jr S. 2008. New Venture Creation: Entrepreneurship for the 21st Century[M]. New York: McGraw-HillIrwin.
[2] 王学文. 2012. 工程导论[M]. 北京：电子工业出版社.
[3] 张东华. 2012. 图书馆服务质量评价指标构建方法——焦点访谈法[J]. 情报理论与实践，35（1）：91-95.
[4] 刘军. 2006. 公共关系学[M]. 北京：机械工业出版社.

的概念，以线条、图形、符号、颜色、文字、数字等方式，将想法和信息快速摘录下来，形成一幅心智图。结构上，心智图法具备开放性及系统性的特点，有利于使用者发散思维，发挥联想力，又能有层次地将各类想法组织起来，以刺激大脑作出相应的反应，从而发挥全脑思考的多元化功能。通过心智图软件，企业可以营造开放、合作的企业文化，使工作流程标准化，并提供相应支持（项目管理、人力资源管理、销售与市场管理、研发管理）。

（二）分析创业计划

由于现实中创业风险普遍存在，因此需要在撰写创业计划书之前对创业想法进行全面分析。在产生创业想法后，创业者必须要对创业项目的背景、市场、产品、商业模式、团队、财务预算等诸方面有所构思和设想，淘汰不可行的想法，从而确定最佳方案。创业者可从以下方面进行分析。

1. 背景

（1）国家政策。现在是全民创业的时代，国家正在加大力度支持个人自主创业，包括提供各种场地支持、优惠的创业政策、优惠的税收政策等，创业者在选择自主创业的时候要最大限度地得到国家政府的支持，积极地与地方政府进行沟通，减少行政上的发展阻力。因此，创业者需要了解国家对行业都有哪些政策；政策的引导方向是什么；国家及地方政府对行业有什么样的扶持政策；各种补贴、税收、活动宣传等扶持政策怎么才能享受到；是否有行政许可的准入门槛；等等。

（2）社会环境。社会环境是决定创业能否继续的主要因素，创业者需要了解行业是否有经济的可行性，行业的当前社会环境如何，是否有利于企业的发展，等等。同时，创业者也需要秉持一定的家国情怀，看到企业是否有较大的社会价值。

（3）地域环境。原目标客户群是否比较集中于方圆覆盖之内；这个地域的潜在客户是否习惯消费此产品；这个地域里有没有区域壁垒，如地方势力、同业垄断；等等。

2. 市场

（1）市场规模。市场可量化的规模能有多大；现在的市场发展状况如何；目前已经实现了多大的市场规模；现在进入这个市场的难度有多大；如何寻找合理的市场切入点；这个市场是属于增量市场还是存量市场，市场的年增长率能有多少，还能有多大的增长概率，实现这个增长概率的条件有哪些；等等。

（2）竞争对手。兵法云："知己知彼百战百胜。"只有详细了解竞争对手的发展态势，了解到竞品的市场销售状况，才能更好地制定市场发展策略，也才能更好地实行差异化竞争，从而赢取更大的市场份额。需要了解区域市场内存在哪些竞争对手；潜在的竞争者都有谁；他们都擅长哪些方面；竞争的激烈程度如何；竞争者占有多大的市场份额；每年能有多大的成交金额；竞争者采用什么样的市场策略；竞争对手的口碑如何，还需要改善的地方在哪里；等等。

（3）竞品分析。市场上都有哪些竞品；竞品都是什么样的产品定位；采用了什么样的产品策略；竞品的解决方案里有哪些缺陷；现阶段用户使用该产品的体验如何；用户对于竞品的评价如何；用户最渴望改善的是哪些方面；等等。

（4）目标用户。为获取第一批忠诚的种子用户，创业者需要对目标受众的年龄、性别、地域、喜好、习惯、消费水平、受教育程度等进行分类汇总分析。例如，目标客户属于哪个群体；具体的目标用户"画像"是什么；他们都在什么地方出入；他们常去的消费地点和场所包括哪些；用户在什么场景下会使用你的产品；这类细分人群具体数量能有多少；你能触达多少，能分得多少，能成交多少，能复购的有多少；用户都有哪些需求；他们的痛点、痒点、爽点是什么；他们最关注的点、成交最多的点是什么；这些需求的受众面有多大，是大众化需求还是小众化需求，是弹性需求还是刚性需求，这些用户是否真有这个需求，是否能为这些需求而买单；等等。

（5）市场前景。这个行业的表现如何，当前属于朝阳行业还是夕阳行业，是一个新兴行业还是传统行业，现在正处于启动期、成长期、成熟期，还是衰退期；这个行业未来 3～5 年的发展前景如何；整体的市场是呈现上升还是下降趋势；这里面有哪些关键的问题需要解决；等等。这些内容至关重要。

3. 产品

（1）产品价值。产品的核心卖点是什么，解决了用户的哪些痛点；这个产品对用户有多大的价值；产品的用户体验如何；产品的自动传播性如何；与竞品相比，价值如何；用户是否愿意为这个产品付费，付费意愿有多大；产品的利润空间如何；单个客户是否有持续的利润；销量增加时的成本表现如何；投资的成本投资回收周期怎么样；现金流情况如何；等等。

（2）产品方案。当前的产品是怎样的；有哪些针对用户需求场景的解决方案；能解决客户的哪些问题；产品有哪些优势；产品的劣势在哪里；与目标产品还有多大的差距；实现目标产品的必要条件是什么；减少差距的方式有哪些；对于现有产品有没有升级的可能；从最小可行性产品模型到完整的目标产品是否容易实现；等等。

（3）技术能力。团队的技术能力如何；技术在市场上是领先还是比较先进；是否需要借助外援或者技术服务外包；目标产品在技术上是否可以实现；采用什么样的技术方案能够实现；技术上能保持多长时间的优势；等等。

（4）产品设计。产品设计理念是什么；产品设计的风格什么样的；款式设计成什么样；这样的设计有什么优点和缺点；设计是否具有易用性；设计是否具有良好的传播性；等等。

（5）产品制造。原料供应、生产技工、生产设备、生产能力、物料仓储、品控质检、物流发货、货款交易是否有保障；成本是否在合理可控的范围内；是否能如期保质保量地交货；等等。

（6）产品流通。产品流通渠道有哪些；合作的方式是什么；流通的成本如何；流通渠道能为自己创造多大的效益；自己能否自建渠道；自建渠道的成本如何；自建渠道需要多长时间；流通渠道的产品宣传方案具体怎么做；如何监测宣传效果；财务如何结算；等等。

4. 商业模式

（1）营利模式。创业者想通过什么方式盈利；用户付费需要哪些前提条件；如何具备这些条件；实现成交盈利的路线怎么进行；多长时间可以开始盈利；多长时间不盈利仍然可以维持日常运营；等等。

（2）目标计划。项目总体性和阶段性的量化目标是什么；时间关键节点在哪儿；怎样保证在计划的时间节点内实现目标；运营过程中的关键指标是什么；实施的计划怎样进行；异常情况出现时，什么样的方案才能保证目标如期实现；创业的总体性目标是什么；阶段性目标是什么；等等。

（3）运营策略。有没有成熟的运营策略；这个实施策略是否具备可行性；由谁负责整体的实施过程；这个策略的实施周期是多久；什么情况下策略进行更新；等等。

5. 团队

（1）工作机制。应该有一个什么样的工作流程；营造一种什么样的工作氛围；作息时间怎么安排；应该建立什么样的岗位职责、工作标准、工作规范、考核机制；岗位计划人员数量是多少；哪些岗位是缺人的状态；需要补充什么样的人选；如何进行招聘；如何进行培训；通过什么方式凝聚人心；希望打造一种什么样的团队文化；团队建设是否合理高效；等等。

（2）保障与激励。合理的分配薪酬体系有利于维护创始团队成员之间的稳定，有利于团队最大限度地凝聚力量进行创业。需要明确团队的薪资结构怎么制定；员工的社保缴费是什么标准；各种福利政策怎样设计；合伙人股权期权激励怎么搞；采用哪些方式能有效地激励团队工作；等等。

6. 财务预算

（1）投资预算。根据员工薪酬福利、房租、装修、设备设施、水电、研发费用、销售费用、办公费用、财务费用、批量产品生产成本、维护成本等，精算出前期需要投入多少；最小可行性产品模型的投入需要多少；项目推进中还需要多少资金；各项资金如何使用；如何制定现金流量计划；这些钱多长时间能用完；如果项目进展不顺利时，还需要多少资金才能够把项目做起来；等等。

（2）投资回报。在这个项目里有哪些潜在的风险；政策风险、社会风险、行业风险、市场风险、运营风险、组织风险、技术风险、财务风险、法律风险等如何进行预见性的评估；这些风险会给我们带来哪些损失；是否有相应的风险控制对策；这个项目正常的投资收益率如何；投资收益如何分配；怎样保障投资回报率；等等。

（三）撰写创业计划书

撰写创业计划书的过程中有几个问题仍需要注意：请将计划书打印出来，不要使用手写的计划书；请避免使用大量不同的字体和颜色，因为这只会让文档看上去太花哨；请规划好文档，让它便于阅读；请检查拼写和语法错误、检查数字错误、检查引用文献是否正确；记录文档日期，避免与较早或后续的草稿混淆；请将计划书装订起来。下文将详细阐述。

（四）展示创业计划书

展示创业计划书作为创业计划书制作流程的最后一步，是决定投资者是否融资的重要步骤。由于投资者时间有限，因此如何在短时间内有效展示创业计划书成为成败的关键。创业计划书的内容高度依赖创业团队的展示。因此，需要注意以下几点。

1. 了解投资者的信息与需求

准备创业计划书展示的第一步是尽可能多地搜集你的演讲听众的信息，这可能需要做一些准备工作。一般而言，风险投资公司都有自己的网站，上面会列有公司曾经投资的企业和合作伙伴，通过网络搜索和仔细调查也很容易找到有关投资者的背景信息。如果企业的创业计划书要与其他对手一起竞争，那么了解考官的姓名及背景资料十分必要。

掌握这些信息之所以重要是基于两点。第一，如果创业者将自己正在演讲的这项创业计划和与投资者有关的一些投资活动联系起来的话，投资者会感受到支持创业者的计划将会带来更多的益处；第二，掌握相关信息是为了找到与这些决策人之间的个人联系，任何千丝万缕的联系，如曾就读于同一所大学或拥有相同的兴趣爱好，都能够打开话题，建立联系。

除此之外，创业者还需要了解投资者的需求。一般而言，投资者主要看重以下几个方面。一是团队组织。对于创业初期的项目，投资人大多数看重团队、市场规模、商业模式。其中团队是最重要的因素，因为企业的成败不在于目标市场有多大，商业模式也是可以改进的，但是团队尤其是创始团队的负责人如果没有创业家的素质，一般的投资者是不会投的。二是产品和商业模式的创新性，投资者看重创业者是否找到了一个暂时空白的市场，且这个市场足够大、有持续需求。

2. 简洁高效的创业计划书

一般而言，投资者的时间是十分有限的，因此会规定好创业计划书的汇报时间，这就要求创业者作好具体的时间安排，尽量在较短的时间内就引起投资者的兴趣，吸引投资者的注意力，引起投资人对接下来路演的兴趣。接着介绍创业计划书的内容，做到重点突出、逻辑清晰。最后激起投资者的兴趣，让他们提出关心的问题。

3. 整洁得体的外在形象

当展示创业计划书的时候，投资者不仅会关注创业计划书的内容，还会关注创业者或创业团队的外在形象。换而言之，创业者的外在形象和创业计划书一样重要。创业者如何推荐自己、创业者的面部表情、创业者的身体语言等，都是评判创业者是否成为一名有力领导者的重要线索。因此，创业者的外在形象必须得体整洁。一般情况下，创业者应该身着正装而不应随意穿戴。但是当创业公司拥有明显标识的 T 恤或其他印有公司名称/标志的衣物时，创业者及其团队成员最好身着公司统一服装，以彰显企业文化。

4. 自信大方的汇报

在展示创业计划书的时候,自信大方的汇报能够提升投资者对汇报人的信心,因此创业者需要从反复练习演讲、观摩他人演讲、了解演讲场地等方面着手准备。

首先,反复练习演讲是十分重要的。许多有经验的创业者在同事和其他听众面前反复练习,以期准确控制演讲的时间和获得大家有用的反馈。为了让别人听清楚内容,一定要做到口齿清晰,需要准备好稿子,多念几遍,突出重点词语,分出轻重缓急,最好是把自己的演讲录下来回放,自己寻找抑扬顿挫的节奏,不能始终保持亢奋的高调,也不能一个语调到底。这需要不断体悟、不断练习。

其次,观摩他人演讲也是一个好办法,能够从中能总结出一些成功和失败的经验。目前,网络上也有许多演讲的资源,如许多首次公开募股的公司都要对他们的投资银行进行一次"巡回推介"。巡回推介分别在一些重要城市依次开展,由不同的公司向投资人推介他们的商业计划。这些推介演讲都被录制下来。创业者可以在谷歌或其他的互联网搜索引擎中输入"创业计划演讲视频",通过仔细观察体悟使相关技能内化。

最后,创业者尽可能多地了解演讲场地的情况。如果你要在一个小会议厅里演讲,通常不需要作过多的调整,但如果你要置身于一个较大的舞台,面对更多的听众,类似于一些创业计划书竞赛的最后角逐关头,那么你就需要调大幻灯片字体或设计更新颖的版式等向更多的听众演示。

二、创业计划书的撰写

(一)撰写原则

一份精心构思和前景良好的创业计划书,应该能够最大限度地激发投资者的兴趣,因此我们应遵循以下原则,做到简洁清晰、风格一致、版式美观、锚定需求、准备充足、突出优势、客观可信、通俗易懂、详略得当,既要在内容上抓住投资人,又要在形式上便于阅读。

1. 简洁清晰

清晰的结构是对一份优秀的创业计划书的基本要求,清晰的结构说明创业团队思路清晰,更重要的是结构清晰的创业计划书便于投资人找到他们感兴趣的话题,也便于投资人找到所关注问题的答案。阅读创业计划书的人往往都惜时如金,他们可能会有意无意地通过你对自己企业的描述作出判断。因此,一份好的创业计划书要能够让投资者了解新创企业的吸引力所在,能够使投资者看到关于企业长期使命的明确论述,以及人员、技术和市场的总体情况。通常情形下,阅读者快速浏览创业计划书了解新企业的概貌后,觉得计划很有说服力和吸引力,才会继续看下去。因此,撰写创业计划书时力求做到简明扼要、条理清晰。

2. 风格一致

由于创业计划书涉及公司概述、产品研究与开发等多个方面,因此一般由不同部门的人员负责同一份创业计划书。文字风格、负责的部分等不同，容易导致创业计划书的风格不一致。因此，为了使创业计划书风格一致，需要由一人负责最后的编辑和定稿工作。

3. 版式美观

创业计划书在某种程度上代表了一个公司或者企业的门面，创业计划书中的封面、目录、实施概要、附录、图表等部分是否合理编排、美观整洁，直接影响阅读者对创业计划书的评价。因此，创业计划书的排版要力求规范，装订要整齐美观。例如，字体应当与文章结构和内容保持一致，插入的图表应力求简洁。排版、装订和印刷不能粗糙，因此用订书钉装订的创业计划书看上去显得有些业余，有不认真、不重视之嫌。

4. 锚定需求

由于创业计划书面向的是投资者，这就要求创业计划书不仅要彰显创业项目，还要精准对标，锚定投资人的需求和关注点，做到知己知彼，将项目的卖点和投资人的需求对接，产生共振，只有这样才容易打动投资人，获得更多的融资机会，进一步提升自己企业的竞争力。

5. 准备充足

创业者应该研究行业趋势，从中找到需求，这样的项目才有生命力。创业者通过对创业宏观环境和产业环境的分析，从而阐明自己的市场地位，清楚阐明自己的竞争优势和劣势，明确经营战略目标。在宏观环境分析中，创业者要灵活运用因素分析、对比分析、预测分析等方法，对影响企业发展的社会、技术、生态、经济、政策、人口等因素进行探析，从而进一步得到金融支持和政府政策的支持。创业者通过对产品的分析、技术的分析、产业成长与产业特征的分析、产业结构与产业竞争的分析，来说明发展生产的机遇性、成熟性，从而使得投资商对投资环境感到既安全，又有发展前景和各项保障。

6. 突出优势

在申请融资时，创业计划书是至关重要的环节。一份好的创业计划书包括充分的市场调研、充实的资料、表明行动的方针、展示优秀团队、良好的财务预算、出色的计划概要等几个要点。如果是一个已经很平常的项目，那么很难让投资者产生兴趣。优秀的创业计划书必须突出优势，彰显精干的创业管理团队和严密的组织结构、明确新创企业财务控制制度、展示新创企业的理财特色，以自身的优势吸引融资企业参与投资。

7. 客观可信

虽然创业计划书的目的在于吸引资金，但是也必须建立在客观可信的基础上。过分乐观的陈述和财务方案会破坏创业计划书的可信度，创业计划书应当清楚地展现出商业创意切实可行，以其客观性说服投资者。在有数据的情况下尽量用数据来表达，在没有数据的情况下尽量用事实来表达。大多数银行和投资者都会查找关于销售和预测的实证信息，不论这些信息来自过去的交易还是出自潜在的客户之口，客观可信的创业计划更能让投资者产生兴趣。

因此需要明确提出新创企业的营销战略及其实施步骤。在对产品市场作出准确的分析与预测后，创业公司应在创业计划书中，向投资者提供目标营销战略，并对市场的渗透过程及预计取得的市场份额进行准确预测，对不同顾客群体所采取的营销策略、产品的合理定位、价格的合理区间、产品的分销渠道、售后服务的特色、广告经营策略、如何提升产品知名度等加以明确说明，使投资者认为你的营销策略是行之有效的，产值增加是指日可待的，同时也需要客观地说明可能遇到的风险和机遇。有创业就有风险，风险与机遇是并存的。要将创业中所面临的主要问题，如资金的不足、资源的短缺、管理经验的不足、市场和产品的不确定因素等摆出来，并提出相应的应急措施和办法，如新技术的开发、寻找替代产品、采取新的营销手段和战略等。机遇部分可以给整个创业计划带来闪光点，是企业的转折和希望之所在，它往往能使投资者为之振奋，从而慷慨解囊。

8. 通俗易懂

撰写创业计划书的第一步是，努力使议论点变得有血有肉，并把它们编织成一连串故事。这些故事要求具有一种富于简洁而又准确地就你做什么、你想做什么和你需要做什么的事情进行沟通的功能。

优秀的创业计划书应当让技术上的外行也能读懂。创业计划书不是技术可行性报告，不需要详细的技术细节，而是要从商业的角度说明技术带来的市场机会，要用公众听得懂的语言解释清楚要做的事情。要用简要的语言概述产品或服务的特性、研发过程、技术规格，以及与同类产品相比自身的优势，产品给客户带来的利益，客户愿意买这种产品或接受这种服务的原因，这种产品为什么会使企业盈利，企业采用何种方式来改进产品的质量，企业对该产品的发展设想及采取的战略，企业最终所要达到的行业地位、市场信誉度，等等。

9. 详略得当

创业计划书分为公司介绍、产品介绍、市场介绍等多个章节，要在每一个章节都突出该部分的重点，所有的重点又是围绕全篇的中心思想展开的。因此，要对重点章节、重点标题等能够直接表现中心主题的主要材料加以具体叙述，放开笔墨，写得比较充分，让阅读者一眼就看到重点所在；而对与表现中心主题有关但不是直接表现中心主题的材料，少用笔墨，进行概括式的叙述。

（二）撰写内容

创业计划书的内容可分为若干部分，它们分别代表着企业活动的重要组成部分。创业计划书内容是否具有可行性决定了创业计划书是否可行，因此撰写一份科学完整的创业计划书并不是一件十分容易的事情。一般来说，创业计划书主要包括以下几个部分。

1. 创业计划书摘要

创业计划书摘要是投资者首先看到的内容，它浓缩创业计划书之精华，反映企业之全貌，是计划书的核心之所在。它必须让投资者有兴趣，并渴望得到更多的信息。创业计划书摘要主要包括公司概述、研究与开发、产品或服务、管理团队和管理组织情况、行业及市场、营销策略、融资说明、财务计划与分析、风险因素、退出机制等。

2. 行业分析

行业分析的主要内容包括解释行业本身所处的发展阶段及其在国民经济中的地位、概述地分析影响行业发展的各种因素以及判断对行业影响的程度、预测行业的未来发展趋势、判断行业投资价值、揭示行业投资风险等，从而为投资者及其他机构提供决策依据或投资依据。具体而言，创业计划书的行业分析需要简要回答以下问题：该行业的发展程度如何；项目所处的行业前景如何；现在发展动态如何；该行业的总销售额有多少、总收入多少、发展趋势怎样；经济发展对该行业的影响程度如何；政府是如何影响该行业的；政府政策的鼓励力度；是哪些因素影响了行业的发展；行业竞争的本质是什么；企业将采取什么样的战略；进入该行业的障碍是什么；企业将如何克服。

3. 企业描述

企业描述是创业计划书的主体，应该从简介开始，先介绍企业概况和创业原因，以及一些基本信息，包括创建者姓名、企业总部地址、创业者联络方式、经营业务或行业的历史背景和现状、企业组织结构、产品或服务的独特性等。创业者准备撰写计划书时需要注意——计划书的核心问题是企业将如何利用机会，以及企业打算如何向顾客传输价值理念，如何展开竞争并获得盈利。这个写作主线在计划书中应该非常明显。如果创业计划书中的企业描述不连贯则会导致创业计划书无效。总体而言，创业计划书的企业描述需要包括以下几个方面：企业名称、注册资本、组织概况、经营发展情况、公司名称、地址、联系方法等；企业历史沿革、里程碑事件、现在的情况以及未来的规划；企业发展战略、业务布局、发展蓝图、竞争优势或者独特性；企业技术专利、人才团队、市场地位、行业排名、市场占有率、知名客户、成长速度、财务情况等。

值得注意的是，为突出企业战略优势，以下几点需要重点体现。

一是企业的技术专利。在技术交易自由的条件下，需要介绍投入研究开发的人员、资金使用计划及所要实现的目标等。

二是企业的人才团队。在投资人考察企业时，人是非常重要的因素。从某种意义上讲，创业能否成功，最终要取决于该企业是否拥有一支强有力的管理团队，这一点特别重要。因此，创业计划书中需要介绍团队主要成员的背景和特长，要强调个人能力适合该岗位、团队的组合适合创业项目，即创业计划书需要全面介绍公司管理团队情况，包括主要股东、董事、关键雇员等，从而体现公司管理团队的战斗力和独特性以及与众不同的凝聚力和团结战斗精神，必要时可绘制组织结构图。

三是企业的财务情况。企业的财务情况反映了企业的运营情况，是影响企业是否可信、是否可持续发展的重要因素。财务数据（或已有成绩）通过报表来呈现，包括利润表、资产负债表和现金流量表。利润表又称为损益表，是一种用来反映企业的经营情况和利润状况的财务文件,是反映企业在一定会计期间的经营成果的报表。资产负债表则反映在某一时刻的企业经营状况,投资者可以用资产负债表中的数据作为相关的指标来衡量企业的经营状况以及可能的投资回报率。流动资金是企业的生命线,因此企业在初创或扩张时,对流动资金需要有预先周详的计划,并对计划实施过程进行严格控制。

4. 市场分析

市场分析是将产业进行细分,并瞄准企业所涉及的具体细分市场(或目标市场)。大多数企业并不致力于服务整个产业,它们只关注如何为产业中的某个具体市场提供更好的服务,因此市场分析至关重要。投资者是不会因为一个简单的数字进行投资的,因此企业可能需要进一步分析影响需求和市场的因素,以使潜在的投资者能够判断公司目标的合理性,以及自身应承担的风险。因此,当企业要开发一种新产品(服务)时,首先就要进行市场预测。市场预测需要从问题出发,一般要回答下列问题:细分市场是什么;目标顾客群是什么;5年生产计划、收入和利润分别是多少;企业拥有多大的市场;企业目标市场份额有多大;企业营销策略是什么;市场对产品的销售金额、增长率和产品或服务的总需求如何;市场是否存在对这种产品的需求;需求程度是否可以给企业带来所期望的利益;新产品的市场规模有多大;市场的未来趋势如何;影响市场需求的因素都有哪些。

只有明晰这些问题,才可以作出客观可信的预测,并在预测的基础上确定市场规模。

5. 产品或者服务介绍

在进行投资项目评估时,投资人最关心的问题之一就是,创业企业的产品或者服务能否以及在多大程度上解决现实生活中的问题,或者说,创业企业的产品或服务能否帮助客户节约开支。创业者必须将自己的产品或服务创意向投资者进行介绍。因此,产品或者服务介绍是创业计划书中必不可少的一项内容,在该部分,企业家要对产品或者服务作出详细的说明,说明要准确,也要通俗易懂。通常,产品或者服务介绍都要附上产品原型、照片。一般产品或者服务介绍必须要回答以下问题:产品或者服务的名称、特征及性能用途;产品或者服务的开发过程;产品或者服务处于生命周期的哪一个段;产品或者服务的市场前景和竞争力如何;产品或者服务的技术改进和更新换代计划及成本如何;产品或者服务能否降低社会成本;产品或服务能否带来收益;用户希望企业产品能解决什么问题;用户能从企业产品中获得什么好处;为什么企业的产品定价可以产生足够的利润;为什么用户会大批量地购买企业的产品;企业为自己的产品采取了何种保护措施;企业拥有哪些专利、许可证,或与已申请专利的厂家达成了哪些协议。

需要指出的是,产品或服务不是完美的,总会存在一些缺陷或不足。企业管理者需要承认这种不足,进而提出企业采用何种方式去改进产品的质量、性能,企业对开发新产品有哪些计划,等等。

6. 竞争分析

竞争者分析的第一步,是对企业直接、间接、未来竞争对手的识别。竞争分析通常会用到波特五力模型（图 12-3），该模型由 Michael Porter 于 20 世纪 80 年代初提出，主要用于行业竞争结构分析以及竞争战略分析。Porter（1980）认为，行业中存在着决定竞争规模和程度的五种力量，这五种力量综合起来影响着产业的吸引力以及现有企业的竞争战略决策。五种力量分别为同行业内现有竞争者的竞争能力、潜在竞争者进入的能力、替代品的替代能力、供应商的讨价还价能力与购买者的议价能力。波特五力模型将大量不同的因素汇集在一个简便的模型中，以此分析一个行业的基本竞争态势。

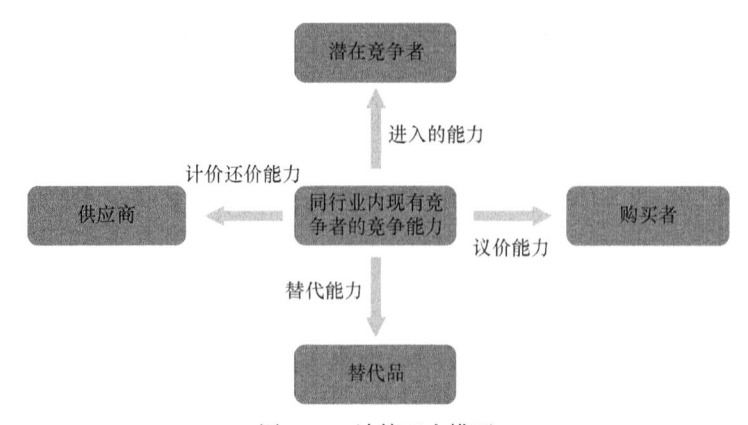

图 12-3　波特五力模型

资料来源：Porter M E. 1980. Competitive Strategy Techniques for Analyzing Industries and Competitors[M].New York: The Free Press.

由此可知，在创业计划书中，创业者应细致分析竞争对手的情况，主要包括以下内容：竞争对手都是谁；竞争对手的产品是什么；与本企业的产品相比有哪些相同点和不同点；竞争对手所采用的营销策略是什么；竞争对手的销售额、毛利润、收入以及市场份额是多少；等等。

同时，竞争分析不仅在于分析竞争对手的情况，更在于向投资者展示本企业的优势。随着世界的发展变化、竞争的加剧、产品生命周期的缩短以及全球经济一体化的加强，企业的成功不再归功于短暂的或偶然的产品开发或"灵机一动"的市场战略，而是企业核心竞争力的外在表现。企业核心竞争力是建立在企业核心资源基础上的企业技术、产品、管理、文化等的综合优势在市场上的反映，是企业在经营过程中形成的不易被竞争对手仿效、能带来超额利润的独特能力。故此，1990 年，美国著名管理学者 Hamel 和 Prahalad 在《企业核心竞争力》一文中，提出核心竞争力模型。他们认为，从长远来看，企业的竞争优势取决于企业能否以低成本、超过对手的速度构建核心竞争力。核心竞争力能够造就意想不到的产品。竞争优势的真正源泉是企业围绕其竞争力整合、巩固工艺技术和生产技能的能力，据此，小企业能够快速调整适应变化了的商业环境。核心竞争力是具体的、固有的、整合的或应用型的知识、技能和态度的各种不同组合。从核心竞争力模型的观点出发，创业计划书的竞争分析还应该涵盖企业自身的竞争优势，主要包括以下几个方面：企业的战略决策能力，企业的战略决策决定了企业核心资源的配置；企业的研究开发能力，如基础研究、应用研究、技术开发；企业的持续创新能力，如技术创新、产品创新、管理创新；企业组织协调各生产要素有效生产的能力；企业的核心市场营销能力，包括企业营销网络及渠道的管理和控制、运用科学的营销方案培养优秀的营销队伍、有效利用广告效应将企业的技术优势外化为市场竞争优势；企业的特色文化，主要指以共同价值观、企业精神为主要内容的企业文化。

7. 营销策略

营销策略对一个创业企业来说至关重要，是投资者最看重的内容之一，也是企业经营中最富挑战性的环节。商业模式要有创新点，不能照搬同类企业的商业模式，否则很难融到资金。这对创业企业来说更为重要，由于产品和企业的知名度较低，很难进入其他企业已经稳定的销售渠道中去。因此，企业要采取创新的营销方式，如新媒体营销、大数据营销、精准营销等以促进企业的发展。影响营销策略的主要因素有：①消费者的特点；②产品的特性；③企业自身的状况；④市场环境。但是，最终影响营销策略的则是营销成本和营销效益。

在创业计划书中，营销策略应包括以下内容：市场机构和营销渠道的选择；营销队伍建设和管理；促销计划和广告策略；价格策略。此外，有两点需要引起注意。

一是企业营销策略必须以顾客为导向，生产满足顾客需要的产品或服务，了解顾客的可支配收入、他们阅读的报刊、接触的媒体等。掌握这些因素有助于企业完善自己的营销计划，降低成本。例如，2000 年，索尼公司开展了一场复兴索尼随身听的广告运动。这次运动取名为"随身听已降临地球"。索尼公司针对它的目标市场——Y 世代消费者（13～30 岁）印刷了大量的广告传单。通过这次运动，博伊尔感受到把资金投放在目标市场可接触到的媒体上所带来的好处："我认为我们在 2000 年开展的随身听外星人活动中，很好地做到了这一点。我们在媒体上投放了大量的广告，我的一些 30 岁以上的朋友却没有看过这些广告。这样很好！我们做了大量的宣传，你们却一条都没看到，因为你们并不是我们的目标对象。这也说明了我们宣传的针对性非常强。"[1]虽然索尼是一家大型跨国公司，但同样的道理也适用于任何一家新企业，通过更好地了解顾客，针对他们完善营销计划，可以更有效地传递信息。

二是必须清楚由谁来卖出产品，整个销售过程是如何运作的。有的创业计划给出了其产品定价及促销的总体方案，但没有说清楚产品到底如何被销售。这是创业计划书中经常被忽视的一点。因此，在创业计划书中需要说明你的销售过程、打算使用的销售方法，如是直接通过销售人员销售，还是使用分销商、批发商销售，是与经营互补的商品厂家进行联合销售，还是使用其他的一些渠道销售。

（三）创业计划书的模板

创业计划书的外观必须认真考虑。它看起来应当像是内行人制作的，但又不能给人留下

---

[1] Capon N. 2007. The Marketing Mavens[M]. New York: Crown Business.

在此方面花费了大量钱财的印象。那些阅读创业计划书的人知道，由于创业者资源有限，因此期待获得行动上的支持。在写作创业计划书时，要避免对设计要素失去控制，包括文字处理方案，如粗体字、斜体字、字体大小和色彩等都要进行合理布局。在创业计划书中，一些与体例相关的地方能够表现你的细心。例如，如果公司有设计精美的徽标，应当将之放在创业计划书的封面和每一页的页眉上。一种简单的设计要素，如图表的颜色和徽标相互配合，会让人感觉创业者注重细节，也容易吸引人们的眼球。

无论是创业团队内部使用的计划书、给合作机构看的计划书还是给投资人看的计划书，创业计划书的格式通常涵盖封面、目录、内容等。

1. 封面

封面的设计要有美感，并体现艺术性，一个好的封面会使阅读者产生好感，给人留下良好的第一印象。封面除格式上的要求外，主要是提供有用的信息，以及保密约定。封面应包括项目名称、地址、电子邮箱、电话号码（座机与手机）、日期、主创业者的联络方式以及企业网址（如企业有自己的网站的话）等。这些信息应集中置于封面页的上半部分。封面底部应有一句话，提醒读者要对计划书的内容保密。如果企业已有徽标或商标，就把它置于封面页醒目位置。

2. 目录

创业计划书一般都设有目录，以便阅读者一目了然。目录可以根据需要进行调整，目录一般放于封面后，主要列出计划书的主要章节、附录和对应页码，目的是便于查找计划书的内容。有些创业计划书相关页上还贴上标签，更方便直接查找章节。在计划书发送出之前，最好反复核对目录与相应页码是否对应。

3. 主要内容

创业计划书的主要内容是一份创业计划书的精髓，是决定创业计划书成败的关键。该部分内容在上文已经进行了详细论述。

4. 附录

一般而言，计划书需要许多细节作为支撑。因此，为增强创业计划书的可信度，可以将这些细节放在附录中，并在计划书中作一个概述。创业者需要保证在创业计划书中清晰而明确地引用附录，以保证读者能够方便地找到对应的内容。可以出现在附录中的这些细节文件包括专利复印件、版权或商标注册证明、租约复印件、详细的账目、市场研究报告、关键人员的履历、能够提供相关支撑的图片、技术说明、产品手册等。

第十三章
创业教育与创业大赛

一、创业教育

（一）创业教育的内涵

"创业教育"是在 1989 年 11 月底 12 月初由联合国教科文组织在北京召开的"面向 21 世纪教育国际研讨会"上提出的。1991 年联合国教科文组织亚太地区办事处东京会议报告指出，创业教育，从广义上来说是培养具有开创性的个人，这种人应具有首创冒险精神、创业能力、独立工作能力以及技术、社交和管理技能。对于创业教育的内涵，我们应有以下几点认识。

第一，创业教育首先是一种面向未来的教育思想和观念，是知识教育、素质教育、创新教育逻辑发展的必然结果，它昭示了高等教育改革和发展的方向。

第二，创业教育不是一个独立的教育体系，而是对传统的适应性、守成性、专业性教育的改造、延伸和提升，是基础教育、职业教育和继续教育三大教育体系的交叉整合，是知识教育、能力教育和情感教育的整合。

第三，高校创业教育以培养学生的基本创业素质与能力为主要目标和任务，尤其注重培养学生"白手起家"创办小企业的精神和能力，务求使更多的谋职者变成职业岗位的创造者。

第四，创业教育特别强调学生的学习与做事的高度统一，强调培养人的"三自"精神，即自学精神、自教精神和自做精神。

第五，创业教育具有实践性、多样性、开放性等特点。创业教育更加强调契合现实社会、经济、文化的发展需要，适应从自然人到社会人，再到创业人的社会发展需要；创业教育在课程体系建设中更加注重实践活动课程的引入，更加注重教学与社会、教学与生产、教学与生活、教学与时代的紧密联系，以使学生成为真正意义上的实践主体、创造主体。创业教育个性化教育的特点则更加突出，在教学过程中更加尊重教育主客体在教育内容、学习时间和空间的自由选择，更加强调通过开放性的办学模式、多样化的教育方式，整合校内外、课内外教学资源。

第六，创业教育更加注重培养人的创造价值观。创业教育最基本的目的是使学生懂得如何发掘个人的创新潜能，这是个人价值实现的最高境界。

（二）创业教育的价值

1. 适应知识社会的需要

21世纪是以知识经济占主导地位的世纪。智力资本已成为企业最重要的资源，谁掌握了知识，谁就掌握了最有价值的资本。而大学毕业生在高校的培养下，已掌握了一定的专业知识技能，具备了从事某一职业的基本能力，是社会上素质较高的群体，是重要的人力资源。很显然，高校若能加强大学生创新意识和创新能力的培养，毕业生就能在就业过程中更快、更好、更准地挑选自己心仪的职业，就能更加理性地采用一种独立、成熟的自我就业方式。例如，通过开办自己的企业来成就自己的事业，以实现自己的人生价值和社会价值。因此，对在校大学生进行创业教育是顺应知识经济时代发展的必然选择，是适应知识社会的需要。

2. 适应高等教育普及化的需要

高等教育普及化既是当今世界高等教育的发展趋势，也是实现我国社会进步、经济发展、国民素质提高的重要途径。我国高等教育普及化步伐不断加快，尤其是2004~2006年，高校招生急速增长，全国的普通高校毕业生从2002年的145万人增长到2006年的430万人。2020年全国高等教育毛入学率为54.4%，标志着我国高等教育迈入普及化阶段[①]。但由于毕业供给超过社会需求，就业形势不容乐观，"大学生失业"已经不再是一个假命题，已成为学生、家长、社会关注的焦点和热点。高等教育普及化，最大的困难是毕业生的就业问题，如果大家都等待企业提供的就业机会，那么未就业的人员就等于是智力资源流失。同时，对于高等教育收费的国家来讲，如果大学生接受了高等教育而无法找到工作，高等教育的个人收益则无法得到补偿，就会在社会上产生一定的负面影响，还可能造成社会的不稳定。目前，大学生就业现状是存在结构性悖论的：一方面他们有业不就；另一方面无业可就。总之，一部分大学生存在"宁要东部一张床，不要西部一套房"的就业心态。因此，高校要适应毕业生就业难的形势，把就业指导与创业精神的培养与教育紧密结合起来，鼓励学生从就业走向创业，令毕业生不仅实现自己就业，还可为他人创造就业机会，提供就业岗位，从而改善大学生择业质量，形成良好的社会舆论氛围。

3. 推进人才培养模式改革的需要

高校毕业生在社会上就业状况如何、创业能力如何，直接影响着学校的生存与声誉。而面对这种严峻挑战，高校需转变教育思想，改革人才培养模式，树立以人为本和全面发展的理念，在教学方法、课程设置及考试制度等方面进行探索、创新，主动为学生自主创业提供良好的服务，教育学生树立一种与市场经济相适应的现代积极就业观，即艰苦奋斗、有胆有识、有眼光、有组织能力、有社会责任感。高校通过开展大学生创业教育活动和提高学生的基本素质，培养和提高学生的生存能力、竞争能力和创业能力，并增强其创业意识。

---

① 教育部：2020年全国高等教育毛入学率54.4%[EB/OL]. https://edu.sina.com.cn/gaokao/2021-03-01/doc-ikftssap9392912.shtml，2021-03-01.

4. 大学生个体发展的必然需要

对大学生进行创业教育，使他们善于观察、勤于思考，具有高远的见识和丰富的想象力，使他们具备一定的理论知识、创业经验和必备的技能，并对他们创业的非智力因素，如理想、信念、意志、毅力进行培养，使他们对就业有一个初步的认识，不仅能解决自己的就业问题，还能为社会创造更多的就业岗位。这样做可以使大学生具备生存能力，真正成为提高综合国力的、充满活力的社会个体和群体，他们在毕业后走向社会能担负起创业的重任，进而实现自我价值和社会价值。

（三）创业教育的必要性

随着国家普通高等院校招生规模的迅速扩大，大学毕业生就业市场近年来供求失衡，就业环境也随之发生了较大变化，导致大学毕业生就业难的形势加剧。大学生就业难，而且一年比一年难，已成为一个亟待解决的现实问题。面对激烈的就业竞争，大学生应该争取全面发展自己，认清就业形势，从自身出发，调整心态、积极应对，既要作好就业准备，也要有"一毕业就失业"的心理准备。

调整自己的就业期望值，在努力提高个人的就业竞争力的同时，还要全身心投入到实践学习之中，切实提高学习能力、实践能力和创新能力，不断提升综合素质。21世纪，人类进入科技创新的知识经济时代，世界经济的竞争是知识经济的竞争，国与国之间日趋激烈的竞争就是人才的竞争，也是民族创新能力的竞争。21世纪需要既有广博的理论知识和技能，又具备创新创业能力的"双创型"高素质人才，只有这样才能适应我国提高综合国力的需要。

综上可知，对大学生进行创新创业教育是很有必要的，并且具有时代性意义。

二、大学生创业教育

（一）大学生创新创业教育的内涵界定

深刻理解创新创业基本概念是开展创新创业教育实践的基础。创新从哲学角度来说是人的一种创造性实践活动。人类通过对物质世界的利用和再创造，形成新的物质形态。创新创业是在创新基础上的创业活动，既不同于单纯的创新，也不同于单纯的创业。创新强调的是开拓性与原创性，而创业强调的是通过实际行动获取正当利益的行为。因此，在"创新创业"这一概念中，创新是创业的基础和前提，创业是创新的体现和延伸。

准确界定创新创业教育的基本内涵，可以更好地为开展创新创业教育实践提供基本遵循。教育是改造人的灵魂、塑造人性、增长才智的重要途径。培养新时代创新创业人才，提升人们的创新创业素质，必须依靠创新创业教育，使其更好地为社会主义现代化建设服务。

开展新时代大学生创新创业教育，是推进高等教育综合改革、提高人才培养质量的重要举措，能够促使大学生快速适应新时代创新创业实践发展的新需求。开展新时代大学生创新创业教育，既要着眼于培养服务国家创新驱动发展战略的人才需要，又要着眼于促进大学生创新创业素质的全面提高，更要着眼于努力实现大学生更加充分、更高质量的就业。所以，开展新时代大学生创新创业教育，就是指高校要面向全体学生，紧紧围绕立德树人的根本任务，以社会主义核心价值观为统领，全面贯彻党的教育方针，按照大众创业、万众创新的要求，以素质教育为主题，以转变教育思想、更新教育观念为先导，以提升学生的社会责任感、创新精神、创业意识和创业能力为核心，以改革人才培养模式和课程体系为重点，强化对大学生创新创业理念、价值、精神、能力等知识的灌输和传授，提升大学生创新创业本领和综合素质，最终实现充分就业，是为社会主义现代化建设服务的一种教育实践活动。

（二）大学生创新创业教育的体系构建

国内高校创新创业教育的实施始于20世纪末。1998年，清华大学举办首届清华大学创业计划大赛，成为第一所将大学生创业计划竞赛引入亚洲的高校。2002年，高校创业教育在我国正式启动，教育部将清华大学、上海交通大学等9所院校确定为开展创业教育的试点院校。20多年来，创新创业教育逐步引起了各高校的重视，一些高校在国家有关部门和地方政府的积极引导下，进行了有益的探索与实践。

2012年8月1日，教育部印发了《普通本科学校创业教育教学基本要求（试行）》的通知。文件指出："在普通高等学校开展创业教育，是服务国家加快转变经济发展方式、建设创新型国家和人力资源强国的战略举措，是深化高等教育教学改革、提高人才培养质量、促进大学生全面发展的重要途径，是落实以创业带动就业、促进高校毕业生充分就业的重要措施。"要提高大学生的创新创业能力，就要形成良好的创新创业教育氛围，建设完善的创新创业培育体系，形成一个像生态体系一样的良性循环系统，构建一个全方位的立体创新创业教育生态培育体系。这一体系包括高校、政府、企业、家庭、学生等多个子系统，各子系统之间相互联系、相互作用、相互支撑。

在教育部的号召与指导下，中国高校创新创业教育联盟于2015年6月11日在清华大学正式成立。首批成员由清华大学、北京大学等137所高校和50家企事业单位、社会团体共同组成。

科技是国家强盛之基，创新是民族进步之魂，创新的关键在于人才，人才的基础在于教育。在"互联网+"和"大众创业，万众创新"蓬勃发展的时代背景之下，创新创业教育的发展显得尤为重要和紧迫。为此，在国务院的重视和教育部的指导下，2017年首届中国高校创新创业教育联盟年会于2017年6月24日至26日在郑州大学举行，清华大学、北京大学等全国600所高校的负责人，腾讯公司、同方知网（北京）技术有限公司等企业代表，国家双创示范基地代表等近1500人会聚一堂，共谋我国高校创新创业教育发展。

各方治理主体的协调参与下，我国逐渐形成了较为完善的大学生创新创业体系。创新创业教育的主体体系主要包括：一是作为参与者和协助者，政府是高校创新创业教育生态系统中的重要一环，发挥着重要作用，能够在政策制定、资金支持、服务体系、部门协调等多方面为高校创新创业教育创造良好的外部环境。二是各种企业尤其是知名企业在高校的创新创业教育中起着重要的示范作用。因此，企业在高校的创新创业教育中担负着不可推卸的社会责任。三是创新创业教育的主要对象是学生，只有学生接受了创新创业观念，勇于去实践创新创业，才能使得创新创业教育产生实际效果。

创新创业的内容体系主要包括：第一，意识培养。启发学生的创新意识和创业精神，使学生认识到创新型人才的素质要求，了解创业的概念、要素和特征等，让学生掌握开展创业活动所需要的基本知识。第二，能力提升。培养学生的洞察力、决策力，在创业过程中能够及时发现问题、解决问题，并提高学生组织协调能力和领导力等各项创新创业素质，使学生具备必要的创业能力。第三，环境认知。引导学生认识当今的企业环境，争取创业机会，把握创业风险，掌握商业模式开发的过程，并设计策略及提高技巧等。第四，实践模拟。通过撰写创业计划书、模拟实践活动的开展等，鼓励学生体验创业准备的各个环节。

总之，大学教育不像中学教育那样倾向于应试教育，大学生不只拥有渊博的知识，还必须具备较强的综合素质和能力。对现今的大学生实施创新创业教育正是素质教育的有力体现。实践与理论相结合，既可以加深大学生对理论知识的理解，又可提升其实践能力。

（三）大学生创新创业教育的基本现状

高校作为培养人才的摇篮、创新创业的孵化器，把开展新时代大学生创新创业教育摆在重要位置，不断推进创新创业教育工作向前发展，这既是新时代赋予高等教育的崭新课题，也是国家实施创新驱动发展战略、促进经济提质增效升级的迫切需要，还是培养大学生创新精神、创业意识、创新创业能力和实践本领的重要途径，更是推进高等教育综合改革、促进高校毕业生更高质量创业就业的重要举措。

近年来，高等院校不断强化创新创业教育，取得了一些显著成效：一是坚持把创新创业教育提到学校重要议事日程，建立由校长任组长、分管校领导任副组长，大学生创新创业部门牵头，各有关部门相互配合、齐抓共管的创新创业教育工作机制。例如，贵州大学深入推进大学生创新创业教育改革，成立深化创新创业教育改革工作领导小组工作，设立大学生创新创业指导中心，构建学校党委统一领导、部门协调联动、全员共同参与的创新创业教育工作格局[①]。二是坚持立德树人基本导向，修订人才培养方案，明确创新创业教育目标要求，建立创新创业教育课程体系。截至 2018 年底，全国高校开设创新创业教育专门课程 2.8 万余门、上线相关在线课程 4100 余门，创新创业教育专职教师近 2.8 万人，校内创新创业实践平台达 1.3 万个。此外，全国共有 9.3 万余名各行各业的优秀人才走进高校，担任创新创业指导教师。[②]三是坚持强化创新创业实践，加强高校与地方政府资源共建和共享，广泛搭

---

① 贵州大学深入推进大学生创新创业教育改革[EB/OL]. http://www.moe.gov.cn/jyb_xwfb/s6192/s222/moe_1756/202207/t20220721_647535.html，2022-07-21.

② 创新创业教育改革晒出"成绩单"[EB/OL]. http://www.moe.gov.cn/fbh/live/2019/51300/mtbd/201910/t20191011_402675.html，2019-10-11.

建众创空间等实习实训平台，积极办好中国"互联网+"大学生创新创业大赛等各级各类创新创业竞赛，对深化高校创新创业教育改革、提高高等教育质量、促进学生全面发展、推动毕业生充分创业就业起到了积极的推动作用。四是将创新创业教育落到实处。2017年8月15日，习近平同志给第三届中国"互联网+"大学生创新创业大赛"青年红色筑梦之旅"的大学生的回信中，勉励他们"扎根中国大地了解国情民情，在创新创业中增长智慧才干，在艰苦奋斗中锤炼意志品质，在亿万人民为实现中国梦而进行的伟大奋斗中实现人生价值，用青春书写无愧于时代、无愧于历史的华彩篇章"①。"青年红色筑梦之旅"活动成效显著。"5年来，'红旅'的旗帜已插遍祖国大地，'红旅'活动已呈星火燎原之势。483万名大学生走进革命老区、贫困地区、城乡社区，传承红色基因、接受思想洗礼，了解国情民情，用专业知识、创新创业成果精准对接基层需求，把个人理想追求深深融入党和国家的事业之中。"②

经过多年来高校持续不断地推进创新创业工作，当前大学生创新创业教育已从尝试探索阶段发展到较为成熟的新阶段。

（四）大学生创新创业教育的有效路径

开展新时代大学生创新创业教育，把大学生创新创业教育纳入高校人才培养全过程，应落实到立德树人根本任务中，支持在校大学生提升创新创业能力，支持高校毕业生创业就业，提升人力资源素质，促进大学生全面发展，实现大学生高质量就业。

第一，要进一步强化组织领导，主动作好顶层规划。领导高度重视和积极作好规划，是组织实施创新创业教育的前提和基础。高校党委要坚定政治站位，主动把创新创业教育纳入到学校改革发展事业的全局中，尽快把创新创业教育摆到高校党委重要议事日程上来，积极作好高校创新创业教育的整体规划和顶层设计，统筹协调好高校创新创业教育工作，明确主要牵头部门和相关配合部门的职责分工，推动建立全面实施创新创业教育的长效机制，形成党委领导、科学实施、师生参与、制度保障的协调保障机制。

第二，要进一步优化课程设置，健全完善教学体系。合理的课程设置和完善的教学体系是教育教学的重要环节。高校要进一步优化课程设置，突出专业特色，创新创业类课程的设置要与专业课程体系有机融合，创新创业实践活动要与专业实践教学有效衔接，积极推进人才培养模式、教学内容和课程体系改革。要把创新创业教育贯穿人才培养全过程，把创新创业教育有效纳入专业教育和文化素质教育教学计划与学分体系全过程，健全融课堂教学、自主学习、结合实践、指导帮扶、文化引领为一体的高校创新创业教育体系，增强大学生的创新精神、创业意识和创新创业能力。

---

① 习近平总书记给第三届中国"互联网+"大学生创新创业大赛"青年红色筑梦之旅"的大学生的回信[EB/OL]. http://www.gov.cn/xinwen/2017-08/16/content_5217973.htm，2017-08-16.

② 汇聚青春力量　培养"双创"大军——中国国际"互联网+"大学生创新创业大赛"青年红色筑梦之旅"活动综述[EB/OL]. http://www.moe.gov.cn/jyb_xwfb/moe_2082/2022/2022_zl11/202206/t20220620_638837.html，2022-06-18.

第三，要进一步配齐配强队伍，打造专业教师团队。配齐配强师资队伍是开展大学生创新创业教育的重要保障。高校要加强创新创业师资队伍建设，积极从社会各界聘请企业家、创业成功人士、专家学者等作为兼职教师，建立一支专兼结合的高素质创新创业教育教师队伍。要强化高校教师创新创业教育教学能力和素养培训，改革教学方法和考核方式，推动教师把国际前沿学术发展、最新研究成果和实践经验融入课堂教学。要大力支持本校教师到企业挂职锻炼，鼓励教师参与社会行业的创新创业实践，不断提高创新创业教育本领和综合素质。

第四，要进一步开展实践活动，积极拓宽实践平台。有效的实践平台是开展大学生创新创业教育的重要载体。高校要把创新创业实践作为创新创业教育的重要延伸，通过举办创新创业大赛、讲座、论坛、模拟实践等方式，丰富学生的创新创业知识和体验，提升学生的创业能力。要充分发挥大学生创客空间等校内创新创业实践平台的作用，面向在校大学生免费开放，提供专业化孵化服务。要结合学科专业特色优势，集聚高校、政府、企业、社会多方资源，大力建设一批校外大学生创新创业实践教学基地，实现校校、校地、校企、校社协同育人目标。

高校创新创业教育的价值在于以创新创业促进大学生的全面发展，实现大学毕业生高质量就业。高校要紧紧围绕"培养什么人、怎样培养人、为谁培养人"这个根本问题，坚持把创新创业教育摆在重要位置，统筹协调推进创新创业教育与德育、智育、体育、美育、劳育全面发展，承担为党育人、为国育才的神圣使命，办好人民满意的大学生创新创业教育，为国家深入实施创新驱动发展战略提供重要的人才支撑。

三、创业大赛

（一）创业大赛的价值意义

为落实党中央、国务院提出的"大众创业，万众创新"的重大部署，深入实施创新驱动发展战略，中国创新创业大赛聚集和整合各种创新创业资源，引导社会各界力量支持创新创业，搭建服务创新创业的平台，弘扬创新创业文化，激发全民创新创业的热情，掀起创新创业的热潮，打造推动经济发展和转型升级的强劲引擎。

1. 新时代发展的要求

中国正处在经济发展与人才储备的重要阶段，要想使经济发展方式从根本上发生改变，即从资源依赖型转变为创新驱动型，就离不开优秀的创新型人才以及国家在经济政策上的支持。而各大高校则是当前创新创业教育的主阵地，实施人才转型培养，各大高校义不容辞。同时大学生也是最应该承担起创新任务的主体。所以创新人才培养方法、驱动教育模式改革以及创新教育教学方法和教给学生创新创业本领等都是高校的责任。因而，高校对大学生创新创业能力的培养是国家推动经济发展转型的重要环节。

2. 分散就业压力

参加创新创业比赛，培养大学生创新创业意识和能力，一方面可以催生一大批新兴产业，另一方面也能够有效解决部分就业问题，分担就业压力，为社会创造出人才需求缺口，是缓解社会就业问题的重要方式。以西安科技大学为例，近年来，学校应届毕业生创业比例逐渐增高，且大部分创业者都有过参加创新创业比赛的经历。

3. 弘扬文化，营造创新创业氛围

我国应注意激发全民创新创业精神，吸纳优秀创新创业人才，营造"鼓励创新、支持创业"的氛围，弘扬创新创业文化，树立创新创业品牌，宣传创新创业人物、事迹和精神，让更多的人了解和参与创新创业，在全社会掀起创新创业的高潮，同时为创业者提供展示自己项目、与专业人士和投资人交流以及获取资源和支持的机会，带动就业，为建设创新型国家奠定坚实的基础。

4. 创新方式，促进改革

探索以创投专家为评委、以市场化方式进行项目评审的新途径，建立便于媒体和社会监督的、公正公开公平的筛选机制，促进科技计划管理体制改革和财政资金支持方式的创新。促进科技和金融结合。发挥政府引导作用，利用市场机制，聚集各种创新资源，吸纳包括银行、创业投资机构在内的社会各方力量广泛参与对科技型中小企业的投入，为创新创业团队和企业搭建融资服务平台。

（二）大学生参加创业大赛的意义

大学生参加这种比赛有助于激发出他们想要创业的意识，有利于毕业以后创业，也可以给自己的未来定个方向，而且大学能够为学生提供较为有利的条件进行创业。以西安科技大学为例，学校特别鼓励和支持学生开发 App，并使其在校园内真正运营起来，这不仅会增强学生的创业信心，而且也会对学生的未来发展产生深远影响。

1. 进一步巩固所学的理论知识

现代科学技术发展迅速，学生在课堂上学的理论知识早已无法满足当前社会各个行业对毕业生的需求，学生必须走出课堂，将所学知识运用到实际问题的解决上去。在参加各类竞赛与项目的时候，使学生将所学的理论知识进一步巩固，使他们对知识的掌握不仅仅停留在试卷上。仅仅依靠课堂理论的学习及老师事先设计好的实践项目，学生会对自己所学的知识不太理解，除了老师设置好的场景之外，他们不知道所学知识还有何用途。学生通过一段较完整的、长时间的竞赛或在项目中锻炼，使自己更加深刻地认识到自己所学知识的真正用武之地，进而使其知识掌握得更加扎实。就算他们在竞赛和项目中没有取得预期理想的成绩也不会影响整个参与过程对他们巩固知识所带来的益处。

2. 培养大学生运用所学知识解决实际问题的能力

目前，很多大学生对自己将来做什么以及能为社会解决什么问题不清楚，以至于他们在大学学习的过程中目标不够明确，人生规划得不够合理。通过竞赛和参与项目，学生可以充分认识到自己所学知识的重要性，更加清楚自己能够利用所学知识解决社会的哪些问题。同时，大学生在参与竞赛以及项目的过程中提高了运用所学知识解决实际问题的能力，将来可以更好地规划自己的人生道路。

3. 培养大学生的综合能力

目前，在大学的课堂上以团队合作形式开展的活动是比较有限的，就算有个别实践课以小组的形式开展，但是由于持续的时间不是很长，学生团队协作能力、沟通能力等往往比较欠缺。各类竞赛及项目短则数月，长的可以达到约两年，在这么长的时间内，一个团队为一个共同目标在努力，在此过程中会不断地发生分歧又不断地寻找平衡点，整个过程下来，整个团队成员的协作能力、沟通能力都会发生质的变化。对于团队负责人的组织能力和领导能力也是一次很好的提升。像中国"互联网+"大学生创新创业大赛这样的竞赛项目需要学生路演，这更是提高了学生的语言表达能力和应变能力。

4. 培养挑战困难、面对挫折的勇气

现代的大学生大多一出生就在一个不愁吃、不愁穿的环境中长大，面对的挫折比较有限，但是没有经历任何失败而成功的人少之又少。大学校园是踏入社会前的最后一站，这一站如果还没培养起比较强的挑战困难与面对挫折的勇气，将来踏入社会就很难在短时间内适应社会。

校园的各种竞赛和项目可以使大学生面对不同的困难，甚至是经受竞赛落选、项目申报没有获得立项等挫折，虽然这些是大学生所不希望看到的，但是从另一种角度来说，他们应该拥抱这些失败，只要他们不被失败打垮而是变得更加努力，失败就会变得异常的有价值。失败乃成功之母，失败的意义重大，失败的经历也是一笔无法用金钱可以买到的财富！

大学生参加各类竞赛及项目的意义并不仅仅局限于以上几点，在不久的将来各类竞赛及项目必将与课堂教学结合得更加紧密，并将成为课堂教学的一个重要环节。相信不久的将来，在各类竞赛及项目中将会涌现出更多的优秀大学生，这些大学生毕业后也将为祖国的发展作出杰出的贡献！

大学生正处在创新创业思想形成的萌芽阶段，这一阶段非常关键，大学生应在高校的鼓励支持下参加相关比赛，并不断对创新创业知识进行初步实践，最终毕业后进行真正的创新和自主创业。

第十四章
大学生创业与连续创业

一、大学生创业

（一）大学生创业群体的特征

大学生是当今移动互联平台的使用主体，有创业热情，又具备相关专业知识，因此可以说，当今社会下的大学生创业群体有自己独特的优势，但同时也有一些劣势。

1. 大学生的创业优势

（1）具有创新精神和创业激情。大学生往往对未来充满希望，有着年轻的血液、充满激情，以及初生牛犊不怕虎的精神，更乐于接受新鲜的事物，创新实践力也更强。现代大学生有创新精神，有应对传统观念和传统行业挑战的信心和欲望，创新实践力也更强。这种创新精神往往是大学生创业的动力源泉，是成功创业的精神基础，也是一个创业者应该具备的素质。但是，他们创业激情的保鲜时间通常较短，如果一直没有突破性进展，团队的成员就会解散甚至会放弃创业。

（2）拥有巨大的外在资源与支持。在"大众创业，万众创新"的背景下，我国从中央到地方，从高校到社会，都出台了众多支持性的政策。拥有创业梦想的大学生可以通过各高校的创业孵化平台获得启动资金、技术、场所等支持。另外，随着经济的发展和社会的进一步开放，有些家长的教育观念也在发生改变，不再一味地追求子女的高学历，转而希望孩子能够活出精彩、过得舒适，所以不再对其创业持反对态度。

（3）具有不同的技能或背景，可以形成优势互补。与其他创业团队相比，大学生创业团队有自己的母校作为后盾，人力资源优势明显。一般高校都拥有多个不同专业，大学生在高校中很容易结识来自不同专业背景的创业伙伴，大家志同道合、优势互补，有利于组建创业团队。每个成员在不同领域、不同方面各有特长，在团队中负责不同的项目，各司其职，促使团队内部交易成本最小化。创业团队往往会经历一些具体事件后才会形成合理的内部分工，通常来说，会形成企业的决策者、市场营销者、技术人员等。决策者是整个团队的核心人物，决定团队的发展方向，对创业团队负主要责任。市场营销者往往是整个团队最活跃、最擅长交际的人员，他们是团队盈利的关键。技术人员则是团队的基础，负责开发市场中缺少的某种技术或者产品。脱离校园环境的社会创业团队，想配齐上述各类人才，无疑是要花费很大人力资源成本的。

2. 大学生的创业劣势

（1）社会经验不足，抗挫折的能力有待提升。大学生的社会经验有限，在学校内所承受的压力主要来自考试，来自社会层面的压力几乎没有，对未来需要面临的风险和挫折无法准确估计，往往看到别人的成功案例，头脑一热就加入创业的行列中。但是，创业本身是一个比较艰辛的过程，很少有创业者能够一次成功或马上获得回报，需要有系统的规划以及具备营销、管理能力，而这些能力往往在上学期间无法具备，只有经过实践和经验的积累才能够逐渐获得。对于创业中的挫折和失败，许多创业者感到十分痛苦茫然，甚至沮丧消沉，影响其接下来的发展。

（2）市场观念较为淡薄。部分大学生很乐于向投资人大谈自己的技术如何领先与独特，甚至试图用一个自认为很新奇的创意来吸引投资，却很少涉及这些技术或产品究竟会有多大的市场空间。急于求成、缺乏市场意识及商业管理经验，是影响大学生成功创业的重要因素。大学生虽然掌握了一定的书本知识，但缺乏必要的实践能力和经营管理经验，对诸如目标市场定位与营销手段组合等则全然没有概念。此外，由于大学生对市场营销等缺乏足够的认识，因此很难一下子胜任企业经理人的角色。

（二）大学生创业应具备的基本能力

1. 自我认知及科学规划

这一点对年轻人来说，是不容易实现的，尤其是大学生刚出校门，对社会和自己的认识还比较有限。要想清楚地知道自己以后的发展方向在哪里，仅靠自身的苦思冥想是找不到答案的。最好的办法就是通过自己去观察别人，征求"过来人"的意见，再结合自己的实际情况制定一些小的目标，通过确定和实现一个个小目标，再慢慢地开始规划自己的人生。

在创业过程当中，要经常性地提前计划或规划一些事情。在制定计划的时候一定要综合各种因素，形成切实可行的动作分解，要将任何可能的细节都考虑在内。而在实施的过程当中，要针对当下的具体情况适时作调整。

2. 胆识和魄力

作为创业者，你就是团队的灵魂。团队正式成立后，甚至在企业筹备之初就会面临各种各样的决策，你的一举一动都左右着创业的发展走向和兴衰。前期，创业者可能会广泛地征求亲朋好友的建议，一旦自己能够独立自主后，就必须要通过自己的智慧和胆识去决定各种大小事务。当在自主地作出决策时，谨慎是必不可少的，但是不能优柔寡断，因为一旦优柔寡断就可能失去一次绝佳的商业机会。同时，决策的胆识和魄力一定是要建立在深思熟虑的基础之上，既要选择风险小的商业机会，但是又要尽量做到利益最大化。

3. 团队管理、信息管理、目标管理能力

任何创业如同经营一家企业，需要制定各种制度。制度不在于多，而在于是否让相关人员能够明白其中道理，并且严格执行。创业者需要针对自己团队的实际情况建立各种有效的管理制度，包括员工管理、培训，以及绩效考核制度等。同时，要针对市场的发展变化而改进相应制度，只有这样才能够让创业者及其团队立于不败之地，拥有发展的主动权。在此想提醒大学生创业者，在制定和改进管理制度的时候，一定要基于客观事实，而不要想当然，一定要极力保证制度的可行性。

创业者每天都会通过不同的渠道接触各种信息，如竞争对手又开始降价了，明天要下雨，合作厂家又有新政策，等等。如何从大量的信息里筛选与自己相关的，再从与自己相关的信息里找到有效的信息，这需要长时间的锻炼。只有梳理出有效信息才能指导自己的各项工作有序开展。对于大学生创业者而言，由于缺乏大量的社会实践经验，所以在接触各种信息的时候，难免会作出一些不恰当的决定。在对信息无所适从的情况下，大学生可以向"过来人"请教，加以甄别，要在观察和请教别人过程中，不断提高自身管理信息的能力。

创业必须要有明确的目标。创业者在不同创业阶段需制定明确的目标，并对目标进行细致化分解。一个团队要想得到长远发展，那么必须得有长远的发展目标，长远的发展目标又可以按阶段分解成不同的小目标，而这些小目标又可以分解到每个相关人。在这个过程当中，作为创业者主导者，就需要对不同的目标进行统筹和管理。

4. 谈判

在创业者人际交往过程当中，与人谈判的情况必不可少。谈判对创业者的要求是综合多面的，需要求创业者有一定的语言能力、心理分析能力、人文素养等。要想在谈判当中占据主动地位，就必须具备很强的谈判能力。杰出的谈判能力能够让创业者在谈判过程当中获得更多的利益。

5. 处理突发事件的能力

创业过程当中，不可避免地会发生一些突发事件。然而当事情发生的时候，需要我们更为积极地应对。如果这些事情发生在顾客身上，处理得当的话，还能产生宣传效果。用心的服务会向顾客传递企业负责任的形象。"好事不出门坏事传千里"，任何一次突发事件，稍有不注意，也会使自己的形象一落千丈，甚至砸掉招牌。

6. 学习

在现代社会，要想获得成功，必须具备持续的学习能力。市场和行业竞争日益激烈，大到一个企业，小到个人要想力争上游，那么就必须比竞争对手更快地掌握更多的知识，通过不断的学习使自己立于不败之地。对于大学生创业者而言，除了书本的理论知识，更要重视学习其他方面的知识，从而使自己的综合能力得到提升。

7. 社会交往能力

良好的人际关系，不仅能给人生带来快乐，而且还能帮助他人走向成功。大学生创业者在开始创业后必将会接触到各种不同类型、身份的人，而接触的大多是跟自己的利益相关的人，所以从创业最开始就要学会跟各种人打交道，要尽可能地去获得人脉，认识朋友，舍得给自己投资，在与前辈们的交流和学习当中不断地认识到自己的不足，并快速提升自我。

8. 保持身心健康

创业者经常会与孤独和挫折为伴，绝大多数的创业过程不是一帆风顺的。时下流行一个词"逆商"，指的是人适应逆境的能力。创业者如何保持乐观而稳定的心态，需要在长时间的历练当中找到方法。此外，身体是革命的本钱，创业者只有身体健康才能全力打拼和奋斗。为事业拼搏而废寝忘食的精神值得肯定，但是终究不能成为常态。年轻的创业者大多精力旺盛，一旦投入工作中就难以自拔。因此，大学生在创业过程中一定要注意劳逸结合，切莫因为太拼而让自己的健康状况下滑。

（三）大学生创业面临的风险

大学生创业者要认真分析自己创业过程中可能遇到的风险，这些风险中哪些是可以控制的，哪些是不可控制的，哪些是需要极力避免的，哪些是致命的。一旦这些风险出现，你应该如何应对和化解。特别需要注意的是，一定要明白最大的风险是什么，最大的损失可能有多少，自己是否有能力承担并渡过难关。大学生创业面临的风险主要有以下几个方面。

1. 项目选择风险

大学生创业时如果缺乏前期市场调研和论证，只是凭自己的兴趣和想象来决定投资方向，甚至仅凭一时心血来潮作决定，大多会碰得头破血流。因此，大学生创业者在创业初期一定要作好市场调研，在了解市场的基础上再进行创业。一般来说，大学生创业者资金实力较弱，因此选择启动资金不多、人手配备要求不高的项目，从小本经营做起比较适宜。

2. 缺乏创业技能

部分大学生创业者眼高手低，当创业计划转变为实际操作时，才发现自己根本不具备解决问题的能力，这样的创业无异于纸上谈兵。一方面，大学生应当去企业打工或实习，积累相关的管理和营销经验；另一方面，应积极参加创业培训，积累创业知识，接受专业指导，以提高创业成功率。

3. 资金风险

资金风险在创业初期会一直伴随在创业者的左右。是否有足够的资金创办企业是创业者遇到的第一个问题。企业创办起来后，就必须考虑是否有足够的资金支持企业的日常运作。对于初创企业来说，如果连续几个月入不敷出或者因为其他原因导致企业现金流中断，都会给企业带来极大的威胁。相当多的企业会在创办初期因资金紧缺而严重影响业务的拓展，甚至错失商机而不得不关门大吉。

另外，如果没有广阔的融资渠道，创业计划只能是一纸空谈。除了银行贷款、自筹资金、民间借贷等传统方式外，还可以充分利用风险投资、创业基金等融资渠道获取资金。

4. 社会资源贫乏

企业创建、市场开拓、产品推介等工作都需要调动社会资源，大学生在这方面往往会感到非常吃力，因此平时应多参加各种社会实践活动，扩大自己人际交往的范围。创业前，可以先到相关行业领域工作一段时间，通过这个平台，为自己日后的创业积累人脉。

5. 管理风险

一些大学生创业者虽然技术出类拔萃，但理财、营销、沟通、管理方面的能力不足。要想创业成功，大学生创业者必须技术、经营两手抓，可以从合伙创业、家庭创业或从虚拟店铺开始，锻炼创业能力，也可以聘用职业经理人负责企业的日常运作。

创业失败者基本上都是管理方面出了问题，如存在决策随意、信息不通、理念不清、患得患失、用人不当、忽视创新、急功近利、盲目跟风、意志薄弱等问题。大学生知识单一、经验不足、资金实力和心理素质明显不足，更增加了管理上的风险。

6. 竞争风险

寻找蓝海是创业的良好开端，但并非所有的新创企业都能找到蓝海。更何况，蓝海也只是暂时的，所以，竞争是必然的。如何面对竞争是每个企业都要随时考虑的事，而对新创企业来说更是如此。如果创业者选择的行业是一个竞争非常激烈的领域，那么在创业之初很有可能受到同行的强烈排挤。一些大企业为了把小企业吞并或挤垮，常会采用低价销售的手段。对于大企业来说，由于规模效益或实力雄厚，短时间的降价并不会对它造成致命的伤害，而对初创企业来说则可能意味着彻底的毁灭。因此，考虑好如何应对来自同行的残酷竞争是创业企业生存的必要准备。

7. 团队分歧

现代企业越来越重视团队的力量。创业企业在诞生或成长过程中最主要的力量来源一般都是创业团队，一个优秀的创业团队能使创业企业迅速发展起来。但与此同时，风险也就蕴含在其中，团队的力量越大，风险也就越大。一旦创业团队的核心成员在某些问题上产生分歧不能达到统一时，很有可能会对企业造成强烈的冲击。事实上，做好团队协作工作并非易事。特别是与股权、利益相关联时，很多初创时很好的伙伴会闹得不欢而散。

8. 核心竞争力缺乏的风险

对于具有长远发展目标的创业者来说，他们的目标是不断地发展壮大企业，因此，企业是否具有自己的核心竞争力是判断其能否抵御风险的主要标志。一个依赖别人的产品来打天下的企业是永远不会成长为优秀企业的。增强核心竞争力在创业之初可能不是最重要的问题，但要谋求长远的发展，那么它就是一个最不可忽视的问题。没有核心竞争力的企业终究会被淘汰出局。

9. 人力资源流失风险

一些研发、生产或经营性企业需要面向市场，大量的高素质专业人才或业务队伍是这类企业成长的重要基础。防止专业人才及业务骨干流失应当是创业者时刻注意的问题，在那些依靠某种技术或专利创业的企业中，拥有或掌握这一关键技术的业务骨干的流失是创业失败的主要风险源。

10. 意识上的风险

意识上的风险是创业团队最内在的风险。这种风险是无形的，却有着强大的毁灭力。风险性较大的意识有投机的心态、侥幸心理、试试看的心态、过分依赖他人、回本的心理等。

大学生创业过程中所遇到阻碍并不仅上述 10 种风险，在企业发展过程，随时都可能遭遇灭顶之灾。保持积极的心态，多学习，多汲取优秀经验，结合大学生既有的特长优势，我们相信，大学生创业的步伐会越走越远，越走越稳。

二、连续创业

（一）连续创业者的相关研究

MacMillan 在 1986 年最早提出了"习惯性创业"（habitual entrepreneurship）这一概念，并把习惯性创业者定义为有过多次创业经历并至少同时参与两家企业创业的创业者。在发达国家，习惯性创业者数量庞大且是创业人口的重要组成部分。与新手创业者相比，习惯性创业者有更丰富的创业经历，并可能在先前的创业过程中积累了丰富的资源，进而让他们在创业活动中表现出独特的行为，甚至可能带来不一样的绩效表现。例如，在启动阶段的资金来源上，习惯性创业者能够从个人、家庭与朋友处获得资金，还可能获得先前顾客与供应商的支持；而新手创业者的资金来源则相对单一。

自"习惯性创业"的概念被提出以后，越来越多的学者开始关注创业形态对创业活动的影响。根据创业形态的差异，学者们将习惯性创业者分为组合创业者和连续创业者。具体而言，组合创业强调的是两家或两家以上企业的同时存在，不管它们是不是同步创立的；而连续创业则强调不同创业项目在时间上的先后性，并着重分析创业者当前拥有的企业。

早期学者倾向于把连续创业者理解为在同一个时期只拥有一项事业的人，并强调他们之前的企业可能被出售或关闭等。随着连续创业研究的升温，其内涵被学者们不断拓展。例如，Westhead 等（2005）将连续创业者界定为出售或关闭他们原来拥有股权的企业，而后再在自己新创立、购入或继承得来的企业中持有股权的创业者。随后的研究对连续创业的认识基本上都延续了 Westhead 的界定。例如，Kirschenhofer 和 Lechner（2012）将连续创业者视为离开先前事业后再次创业的习惯性创业者；Amaral 等（2011）认为，连续创业就是退出先前事业，随后建立或者获得后续事业。根据现有的界定，连续创业者在现实中是普遍存在的，并在现代企业管理经营中占据着重要地位。例如，在欧洲，18%～30%的企业家是连续创业者（Plehn-Dujowich，2010）。大家所熟知的许多国内外知名企业家也都是连续创业者。比如，在美国硅谷生态系统里，大众熟知的苹果前CEO乔布斯就是连续创业者，他当年离开苹果后再度创业成立了NeXT。同时，连续创业者由于有着更为突出的绩效表现而受到学者的关注。例如，Parker（2013）认为，连续创业者如果能从先前创业中吸取经验就会表现得更好。Podoynitsyna等（2012）也提出，连续创业者可以在创业经验的基础上开始成功的创业，以此推动经济增长。

总的来说，与创业新手有所差别，连续创业者更关注个人的成长与发展，谨慎而非盲目地开展创业活动，其创业能力在自我效能感和创业学习的共同作用下不断得到塑造。与创业新手相比，具有失败经历的创业者继续创业往往能够最大化地发挥"经验学习曲线"效应，可能绩效表现更佳。

（二）连续创业的认知

近年来，连续创业作为习惯性创业的重要组成部分，正受到学者们越来越多的关注。目前，关于连续创业的研究仍集中在连续创业、组合创业与新手创业之间的比较分析上，对连续创业现象的独特性及其推动因素，以及连续创业者可能存在的绩效差异及其产生机制等问题，并未形成系统的理论解释，相关实证研究更是匮乏。另外，已有连续创业研究更多地聚焦于先前创业经历对连续创业意向和绩效的影响。这些成果虽然提供了一些有益的启示，但都是基于微观视角的碎片化解释，而创业活动本质上是一种行为过程，目前学界缺乏对连续创业整个过程及其内在机理的详细刻画和深入探讨，尚未构建出"创业失败—再次创业"的一般性理论框架。因此，需要对连续创业者的创业过程作出具体、细致的刻画，只有这样才能对连续创业现象有深入的理解。由此可知，探讨连续创业者创业活动的动态演进规律具有重要意义。

相对于新手创业者而言，连续创业者在知识和经验、资源禀赋、情感等方面都具有一定的独特性，那么连续创业者的这些独特性是如何对其后续创业产生影响的呢？Starr和Bygrave（1991）指出，先前经验对后续创业活动既可能有积极影响，也可能有消极影响，影响的方向主要取决于先前经验以何种方式运用于后续创业实践。创业有效性作为衡量创业绩效的重要内容，一直受到学者的关注，然而遗憾的是，创业有效性评价始终是创业研究领域的难题之一。已有研究大多用效率、利润等指标来衡量创业的有效性，但创业企业成长是一个持续的动态发展的过程，需要挖掘更为客观有效的衡量指标来弥补财务指标在衡量新创企业绩效方面的不足。同时，由于影响创业活动有效性的因素众多，连续创业对创业有效性的作用机制还有待进一步完善。相较于创业者特质、先前创业经历、创业环境对创业有效性的影响，研究创业认知的影响机制可能能够更深入地解释相关问题。

（三）连续创业的应用

从搜寻能力的角度，相较于初次创业者，连续创业者的内外部知识搜寻能力更强，知识搜寻对新产品开发的速度和新颖性的影响程度也更大。首先，连续创业者的心态更加成熟稳健，善于与同事及外部相关者打交道，从中获取各种知识资源。其次，连续创业者的创业技能更娴熟，能够从日常管理活动中抽出时间进行知识搜寻；初次创业者易陷入日常事务而无法脱身。最后，连续创业者具有更丰富的社会资源和人脉关系，为知识搜寻提供了更宽广的渠道。

从搜寻边界的角度，连续创业者更多地从组织外部进行知识搜寻。相较于初次创业者，更多的连续创业者是机会驱动型的，他们知晓机会对于企业发展的重要性，愿意花更多的时间进行环境扫描和机会搜寻。此外，连续创业者对管理工作更为熟悉，从组织内部进行知识搜寻得到的信息冗余较多，因此，他们更愿意从组织外部搜寻新颖度相对更高的知识。从搜寻边界的角度，初次创业者更多地从组织内部进行知识搜寻。初次创业者通常具备较强的技术能力，而相对缺乏市场扩展、财务运营、人员管理等经验，需要从投资人、管理人员和一线员工处获取知识以弥补自身不足，并通过频繁的内部沟通增强彼此的信任和提升团队协作能力。此外，初次创业者与外部相关机构的人际联系相对较弱，限制了初次创业者的外部知识搜寻能力。

（四）连续创业实践的建议

首先，创业者应关注组织边界对知识搜寻的重要影响。创业者向组织内部的人员进行知识搜寻具有速度快、成本低、准确性高的特点，有助于问题的快速解决，提升新产品研发的速度。但是，内部知识搜寻的冗余程度高，对新产品的新颖性缺乏影响，因此，为了提升新产品的新颖性，创业者应增加对供应商、顾客、行业协会、监管部门等外部知识源的搜寻强度。

其次，创业者应重视创业经历对知识转化的重要影响。连续创业者更善于将内外部知识转化为新产品开发绩效。因此，初次创业者应考虑在创业团队中增加有创业经历的合伙人或投资人，遇到知识甄别和转化问题时及时请教经验丰富的创业导师，提升新创企业对内外部信息的甄别、吸收和转化能力。

最后，初次创业者应发挥比较优势提升新产品开发的速度。虽然初次创业者在知识搜寻和转化方面相较于连续创业者均处于相对劣势的地位，但可以发挥创业热情高、决策速度快的特点，积极进行内部知识搜寻以提高新产品开发的速度，在市场竞争中获得比较竞争优势，不断推出新的测试版产品，在后续服务中持续改善产品品质，从而实现初次创业企业的健康成长。

参 考 文 献

爱德华·布莱克韦尔. 2009. 创业计划书[M]. 褚芳芳, 闫东译. 北京: 机械工业出版社.
安景玲, 齐二石, 李中阳, 等. 2003. 基于资源与能力的竞争力理论研究综述[J]. 天津大学学报（社会科学版）, 5（4）: 336-340.
彼得·F.德鲁克. 2002. 创新与创业精神[M]. 张炜译. 上海: 上海人民出版社.
彼得·德鲁克, 约瑟夫·马恰列洛. 2006. 德鲁克日志[M]. 蒋旭峰, 王珊珊, 等译. 上海: 上海译文出版社.
布鲁斯·R.巴林杰. 2016. 创业计划书 从创意到方案[M]. 陈忠卫, 等译. 北京: 机械工业出版社.
陈燕升, 王玫瑰, 林志军, 等. 2022. 系统化创业过程的关键成功因素: 以粤港澳大湾区为例[J]. 科技管理研究, 42（9）: 111-117.
陈莹, 石俊国, 张慧. 2021. 可持续创业研究的前沿综述与展望[J]. 科学学研究, 39（2）: 274-284.
谌飞龙, 陈松, 马宁. 2021. 创业机会——资源动态匹配机制分析: 基于连续创业者经历的质性研究[J]. 科技进步与对策, 38（24）: 116-123.
程建青, 罗瑾琏, 李树文, 等. 2020. 创业动机与主观幸福感: 社会规范的调节作用[J]. 科技进步与对策, 37（6）: 46-52.
邓建生. 2000. 创业文化与中国大学的时代使命[J]. 高等教育研究,（6）: 22-26.
邸晓燕, 张赤东. 2017. 企业创新动力: 概念、模式及分析框架[J]. 科技管理研究, 37（17）: 16-22.
董保宝. 2012. 公司创业模型回顾与比较[J]. 外国经济与管理, 34（2）: 1-9, 26.
董保宝, 葛宝山. 2008. 经典创业模型回顾与比较[J]. 外国经济与管理, 30（3）: 19-28.
窦大海, 罗瑾琏. 2011. 创业动机的结构分析与理论模型构建[J]. 管理世界,（3）: 182-183.
窦军生, 包佳. 2016. 连续创业: 文献评介、整合与新解读[J]. 外国经济与管理, 38（4）: 90-103, 113.
杜宇, 吴传清. 2020. 中国南北经济差距扩大: 现象、成因与对策[J]. 安徽大学学报（哲学社会科学版）, 44（1）: 148-156.
段锦云, 王朋, 朱月龙. 2012. 创业动机研究: 概念结构、影响因素和理论模型[J]. 心理科学进展, 20（5）: 698-704.
冯海暴. 2018. 创新对企业运行发展的重要性分析[J]. 交通企业管理, 33（3）: 8-10.
傅家骥. 1998. 技术创新学[M]. 北京: 清华大学出版社.
葛宝山, 宁德鹏. 2017. 我国高校创业教育满意度对创业行为的影响研究——一个以创业激情为中介的大样本实证考察[J]. 华东师范大学学报（教育科学版）, 35（3）: 103-115, 171-172.
葛晶, 孙红霞. 2019. 基于中国情境的服务业创业研究框架构建[J]. 技术经济与管理研究,（5）: 37-41.
郝喜玲, 张玉利. 2016. 认知视角下创业失败研究述评和未来展望[J]. 外国经济与管理, 38（8）: 3-14, 45.
何建笃, 孙新波. 2022. 国际创业机会构建过程及演化研究: 基于TTF和金鹏的双案例纵向对比分析[J]. 南开管理评论, 25（6）: 39-53.
贺尊. 2012. 创业计划书的撰写价值及基本准则[J]. 创新与创业教育, 3（5）: 77-79.
黄鲁成, 王小丽, 滕旭东. 2019. 关于创新平衡概念维度与评估的思考[J]. 科学管理研究, 37（2）: 2-6.

黄鲁成，张家欣，苗红. 2020. 区域创新质量：概念维度与实证研究[J]. 创新科技，20（5）：7-20.
黄远征，陈劲，张有明. 2017. 创新与创业基础教程[M]. 北京：清华大学出版社.
黄忠东，陶媛. 2021. 创业教育与创业情感：研究综述及展望[J]. 江苏高教，（12）：40-51.
姜彦福，张健，雷家骕，等. 2005. 公司创业战略的跨文化研究[J]. 科学学研究，23（3）：357-361.
姜彦福，张帏. 2005. 创业管理学[M]. 北京：清华大学出版社.
杰弗里·蒂蒙斯，小斯蒂芬·斯皮内利. 2005. 创业学[M]. 6版. 周伟民，吕长春译. 北京：人民邮电出版社.
库洛特克，霍志茨. 2006. 创业学：理论、流程与实践[M]. 张宗益译. 北京：清华大学出版社.
雷家骕. 2005. 高技术创业管理：创业与企业成长[M]. 北京：清华大学出版社.
李华晶，邢晓东，揭昌亮. 2010. 机会、创业者与环境：绿色创业的基本模型研究[J]. 科技进步与对策，27（15）：15-18.
李景芳，李建华. 1999. 通过技术创新调整工业技术结构研究[J]. 技术经济，（4）：32-35.
李练军，杨石美，李冬莲. 2021. 新生代农民工返乡创业能力、创业模式与创业路径：机会与资源的视角[J]. 农业经济与管理，（4）：85-92.
李良成. 2007. 新创科技企业创业战略与创业绩效的关系实证分析[J]. 现代财经（天津财经大学学报），27（3）：31-36.
李梅，张红. 2020. 基于生态学理论的区域创新多样性概念层次研究[J]. 天津科技，47（12）：5-9.
李其容，杨艳宇，李春萱. 2022. 新创业者创业教育后创业知识运用的动态分析：基于潜变量增长模型额[J]. 心理科学，45（2）：394-401.
李胜文，杨学儒，檀宏斌. 2016. 技术创新、技术创业和产业升级：基于技术创新和技术创业交互效应的视角[J]. 经济问题探索，（1）：111-117.
李伟铭，黎春燕. 2011. 基于比较机会视角的国际创业模型研究[J]. 技术经济与管理研究，（10）：28-31.
李怡欣，赵文红，张旭. 2022. 创业过程中因果逻辑和效果逻辑如何协调？[J]. 外国经济与管理，44（10）：134-152.
李月凤，陈睿君，陈禹，等. 2021. 创业失败修复对创业决策与行动的影响：以创业激情为调节变量[J]. 东南学术，（2）：155-164.
李振勇. 2006. 商业模式：企业竞争的最高形态[M]. 北京：新华出版社.
林嵩. 2014. 创业倾向模型评述与展望[J]. 科技进步与对策，31（6）：155-160.
林嵩，张帏，姜彦福. 2007. 创业成长模型评述及构建思路探讨[J]. 科研管理，28（1）：84-88，77.
刘景江，万欣. 2019. 高技术企业的技术创业战略及其支持体系——以泰乐琪公司为研究案例[J]. 技术经济，38（3）：42-48.
刘军. 2006. 公共关系学[M]. 北京：机械工业出版社.
刘宇娜，张秀娥. 2018. 创业意愿、创业机会识别与创业行为关系的实证研究[J]. 税务与经济，（2）：48-55.
罗伯特·A.伯格曼，莫德斯托·A.麦迪奎，史蒂文·C.惠尔赖特. 2004. 技术与创新的战略管理[M]. 陈劲，王毅译. 北京：机械工业出版社.
罗伯特·K.殷. 2014. 案例研究方法的应用[M]. 周海涛，夏欢欢译. 重庆：重庆大学出版社.
罗红艳，吴丹. 2022. 高校教师离岗创业的政策变迁过程：一个多源流的解释性框架[J]. 河南师范大学学报（哲学社会科学版），49（4）：30-36.
罗明忠，罗琦. 2016. 家庭禀赋对农民创业影响研究[J]. 经济与管理评论，32（5）：13-19.
吕佳，郭元源，程聪. 2018. 创业活动有效性：一项关于创业者的 Meta 分析检验[J]. 外国经济与管理，40（6）：29-43.
马鸿佳，张弼弘，郭帅辰. 2022. 创业反思的形成过程与惯例更新关系的机制研究[J]. 管理学报，19（6）：883-891.
马雷. 2012. 过程视角下学研技术创业及其与经济产业关系研究[D]. 合肥：中国科学技术大学.
马歆，薛天天，WAQAS ALI，等. 2019. 环境规制约束下区域创新对碳压力水平的影响研究[J]. 管理学报，

16（1）：85-95.

宁德鹏，葛宝山. 2017. 大学生创业行为及其影响因素差异分析[J]. 社会科学战线，（5）：252-256.

牛萍，唐梦雪，瞿群臻. 2021. 高层次科技创业人才及其创业企业的成长特征、瓶颈及对策[J]. 中国科技论坛，（2）：109-120.

彭学兵，张钢. 2010. 技术创业与技术创新研究[J]. 科技进步与对策，27（3）：15-19.

彭莹莹，房宏君，汪昕宇. 2021. 创新还是模仿：产业集群环境下的青年创业决策[J]. 企业经济，40（5）：54-62.

任大帅，朱斌. 2018. 主流创新生态系统与新流创新生态系统：概念界定及竞争与协同机制[J]. 技术经济，37（2）：28-38.

芮鸿岩，杨桂元，林刚. 2010. 大学创业文化的培育路径探析[J]. 当代青年研究，（9）：65-69.

单标安，蔡莉，鲁喜凤，等. 2014. 创业学习的内涵、维度及其测量[J]. 科学学研究，32（12）：1867-1875.

邵砾群. 2015. 大学生领导力培养与建设研究[J]. 教育教学论坛，（47）：60-61.

申兵，党丽娟. 2016. 区域经济分化的特征、趋势与对策[J]. 宏观经济管理，（10）：33-36.

孙洪义. 2016. 创新创业基础[M]. 北京：机械工业出版社.

覃世利，刘亚. 2017. 创新文化基因：概念与理论框架[J]. 科技创业月刊，30（23）：1-5.

唐靖，姜彦福. 2008. 创业过程三阶段模型的探索性研究[J]. 经济师，（6）：189-191.

唐梦媛，徐立国，韦冬妮. 2022. 企业战略创业过程中的悖论领导行为策略[J]. 领导科学，（4）：83-85.

万骁乐，周键，李茜茜. 2021. 科技创业双重卷入对创业成长的影响机理研究[J]. 科研管理，42（12）：36-44.

汪建成，林欣. 2021. 社会创业的资源整合过程：多案例研究[J]. 管理案例研究与评论，14（2）：163-177.

王聪颖，赵曙明，秦伟平. 2021. 一心创业，一路坚持：青年创业者创业韧性影响因素的扎根研究[J]. 中国人力资源开发，38（4）：25-39.

王立平，陈琛. 2009. 创业、知识过滤与区域经济增长[J]. 产业经济研究，（5）：60-66.

王文华，王卫星，沈秀. 2016. 创新创业人才素质能力框架及培养路径[J]. 煤炭高等教育，34（5）：74-77.

王一军，王筱萍，林嵩. 2009. 创业战略的维度构建：概念内涵及发展模式[J]. 江西财经大学学报，（3）：46-50.

威廉·大内. 1984. Z理论——美国企业界怎样迎接日本的挑战[M]. 孙耀君，王祖融译校. 北京：中国社会科学出版社.

文崇一，萧新煌. 2006. 中国人：观念与行为[M]. 南京：江苏教育出版社.

吴晓燕，李爱国，邱承柏. 2014. 中外大学生领导力培养现状的对比研究——以拓展训练为途径[J]. 湖北科技学院学报，34（12）：241-242.

武巧珍. 2020. 精益创业理论研究综述与展望[J]. 科学决策，（2）：87-101.

向赛辉，孙永河. 2021. 政府支持对高层次人才创业绩效影响机制研究[J]. 科技进步与对策，38（15）：143-150.

谢广营，周洋，徐二明. 2016. 创业战略类型研究：一般创业与制度创业的整合[J]. 当代经济管理，38（11）：11-17.

熊彼特·约瑟夫. 1990. 经济发展理论——对于利润、资本、信贷、利息和经济周期的考察[M]. 何畏，易家详，等译. 北京：商务印书馆.

熊文明，余维新，陈传明. 2021. 学术创业者角色重构过程研究：基于目标动力学理论视角的多案例分析[J]. 研究与发展管理，33（5）：25-39，182.

徐二明，肖坚石. 2016. 中国企业制度创业战略选择探析[J]. 科学学与科学技术管理，（2）：113-122.

徐二明，谢广营. 2018. 创业战略类型学：框架建构与实证测量[J]. 珞珈管理评论，（1）：1-17.

徐示波，仲伟俊. 2022. 科学商业情境下科学家创业过程研究：基于扎根理论的质性规律探讨[J]. 科技进步与对策，39（6）：152-160.

徐小洲，叶映华. 2010. 大学生创业认知影响因素与调整策略[J]. 教育研究，31（6）：83-88.

许庆瑞，吴志岩. 2014. 企业技术创新体系建设战略的理论初探[J]. 管理工程学报，28（4）：1-9.

许宪春，雷泽坤，窦园园，等. 2021. 中国南北平衡发展差距研究：基于"中国平衡发展指数"的综合分析[J]. 中国工业经济, (2): 5-22.

许艳芳, 朱春玲. 2022. 社会价值、经济价值与社会企业创业策略的选择：基于制度逻辑理论的案例研究[J]. 管理案例研究与评论, 15 (1): 51-68.

杨婵, 贺小刚, 王博霖. 2021. 精英身份与农民创业：趋名还是逐利？[J]. 南方经济, (4): 69-85.

杨浩昌, 李廉水, 刘耀彬. 2021. 区域制造业创新驱动力评价及其差异研究[J]. 科学学研究, 39 (10): 1908-1920.

杨佳铭, 魏江, 缪沁男. 2022. 从"奴隶"到"将军"：平台主关系断裂情境下价值支持型企业再创业过程研究[J]. 南开管理评论: 1-21.

杨俊, 张玉利, 刘依冉. 2015. 创业认知研究综述与开展中国情境化研究的建议[J]. 管理世界, (9): 158-169.

姚立根, 王学文. 2012. 工程导论[M]. 北京：电子工业出版社.

郁义鸿, 李志能, 罗伯特·D.希斯瑞克. 2000. 创业学[M]. 上海：复旦大学出版社.

袁桂秋, 杨宪冬. 2016. 技术创新的活跃度测度及其"集聚"特征分析[J]. 生产力研究, (11): 78-80, 85.

曾照英, 王重鸣. 2009. 关于我国创业者创业动机的调查分析[J]. 科技管理研究, 29 (9): 285-287.

张东华. 2012. 图书馆服务质量评价指标构建方法：焦点访谈法[J]. 情报理论与实践, 35 (1): 91-95.

张红, 葛宝山. 2014. 创业机会识别研究现状述评及整合模型构建[J]. 外国经济与管理, 36 (4): 15-24., 46

张立昌. 1999. 创新·教育创新·创新教育[J]. 华东师范大学学报（教育科学版）, (4): 26-32, 38.

张默, 任声策. 2018. 创业者如何从事件中塑造创业能力？——基于事件系统理论的连续创业案例研究[J]. 管理世界, 34 (11): 134-149, 196.

张强强, 吴溪溪, 马红玉. 2022. 三维资本如何提升农民创业绩效：创业学习和创业机会识别的链式中介作用[J]. 农业经济与管理, (3): 28-41.

张秀娥, 方卓. 2015. 大学生创业行为影响机制研究[J]. 吉林师范大学学报（人文社会科学版）, 43 (4): 100-104.

张秀娥, 张宝文. 2017. 基于GEM创业生态系统的大学生创业机制构建研究[J]. 经济纵横, (2): 45-49.

张秀娥, 张坤, 毛刚. 2019. 基于信息生态学的创业模型构建研究[J]. 企业经济, 38 (3): 96-104.

张秀娥, 赵敏慧. 2016. 创新与创业理论研究回顾与展望[C]//吴贵生. 创新与创业管理. 北京：清华大学出版社: 1-15.

张秀娥, 赵敏慧. 2016. 创新与创业理论研究回顾与展望[J]. 创新与创业管理, (2): 1-15.

张秀娥, 周荣鑫, 王晔, 等. 2012. 文化价值观、创业认知与创业决策的关系[J]. 经济问题探索, (10): 74-80.

张玉利, 冯潇, 田莉. 2022. 大型企业数字创新驱动的创业：实践创新与理论挑战[J]. 科研管理, 43 (5): 1-10.

张玉利, 李新春. 2006. 创业管理[M]. 北京：清华大学出版社.

张玉利, 杨俊. 2003. 企业家创业行为调查[J]. 经济理论与经济管理, (9): 61-66.

张玉利. 2005. 新经济时代的创业与管理变革[J]. 外国经济与管理, (1): 2-6, 14.

张玉利. 2011. 如何识别创业机会？[J]. 中外管理, (5): 104-105.

章长城, 任浩. 2018. 企业跨界创新：概念、特征与关键成功因素[J]. 科技进步与对策, 35 (21): 154-160.

赵培培. 2019. 江西省高校大学生创业领导力提升研究[D]. 南昌：南昌大学.

赵伟. 2006. 开发创新与创业之间的协同关系[J]. 经济师, (5): 25-26.

赵文红, 王垚, 孙万清. 2014. 连续创业研究现状评价与未来展望[J]. 管理学报, 11 (2): 293-301.

郑烨, 杨若愚, 刘遥. 2017. 科技创新中的政府角色研究进展与理论框架构建：基于文献计量与扎根思想的视角[J]. 科学学与科学技术管理, 38 (8): 46-61.

仲伟仁, 王亚平, 王丽平. 2012. 创业文化对创业者创业动机影响的实证研究[J]. 科学学与科学技术管理, 33 (9): 160-170.

周怀康, 姜军辉, 葛淳棉, 等. 2021. 创业归来再出发：创业烙印如何影响工作绩效？[J]. 管理世界, 37 (7): 145-161, 11.

L.J.宾克莱. 1983. 理想的冲突：西方社会中变化着的价值观念[M]. 马元德，陈白澄，王太庆，等译. 北京：商务印书馆.

Acs Z J, Audretsch D B, Braunerhjelm P, et al. 2012. Growth and entrepreneurship[J]. Small Business Economics, 39(2): 289-300.

Acs Z J, Braunerhjelm P, Audretsch D B, et al. 2009. The knowledge spillover theory of entrepreneurship [J]. Small Business Economics, 32(1): 15-30.

Agarwal M N. 2004. Type of Entrepreneur, New Venture Strategy and the Performance of Software Startups[Z]. Indian Institute of Management Calcutta.

Ajzen I. 1991. The theory of planned behavior[J]. Organizational Behavior & Human Decision Processes, 50(2): 179-211.

Aldrich H E, Martinez M E. 2001. Many are called but few are chosen: An evolutionary perspective for the study of entrepreneurship[J]. Entrepreneurship Theory and Practice, 25(4): 41-56.

Allinson C W, Hayes J. 1996. The cognitive style index: A measure of intuition-analysis for organizational research[J]. Journal of Management Studies, 33(1): 119-135.

Amaral A M, Baptista R, Lima F. 2011. Serial entrepreneurship: Impact of human capital on time to re-entry[J]. Small Business Economics, 37(1): 1-21.

Amit R, Muller E. 2013. Push and pull entrepreneurship[J]. Journal of Small Business and Entrepreneurship, 12(4): 64-80.

Antoncic B, Prodan I. 2008. Alliances, corporate technological entrepreneurship and firm performance: Testing a model on manufacturing firms[J]. Technovation, 28(5): 257-265.

Ardichvili A, Cardozo R, Ray S. 2003. A theory of entrepreneurial opportunity identification and development[J]. Journal of Business Venturing, 18(1):105-123.

Barney J B. 1991. Firm resources and sustained competitive advantage[J]. Journal of Management, 17(1): 99 - 120.

Baumol W J. 1990. Entrepreneurship: Productive, unproductive and destructive[J]. Journal of Political Economy, 98(5): 893-921.

Beattie R. 1999. The Creative Entrepreneur: A Study of the Entrepreneur's Creative Processes [Z]. Babson College .

Bennis W. 1984. The 4 competencies of leadership[J]. Training and Development Journal, 38(8): 14-19.

Bhave M P. 1994. A process model of entrepreneurial venture creation[J]. Journal of Business Venturing, 9(3): 223-242.

Bhide V. 2000. The Origin and Evolution of New Businesses[M]. Oxford: Oxford University Press.

Bird B, Schjoedt L, Baum J R.2012. Editor's introduction. entrepreneurs' behavior: Elucidation and measurement[J]. Entrepreneurship Theory and Practice, 36(5): 889-913.

Boyatzis R E. 1982. The Competent Manager: A Model for Effective Performance[M]. New York: John Wiley and Sons.

Busenitz L W, Lau C M. 1996. A cross-cultural cognitive model of new venture creation[J]. Entrepreneurship Theory and Practice, 20(4): 25-39.

Bygrave W D, Hofer C W. 1992. Theorizing about entrepreneurship[J]. Entrepreneurship Theory and Practice, 16(2): 13-22.

Cantillon R, Higgs H. 1932. Essai sur la nature du commerce en general[J]. Journal of the Royal Statistical Society, 95(1): 131.

Capon N. 2007. The Marketing Mavens[M]. New York: Crown Business.

Carree M, van Stel A J, Thurik R, et al. 2002. Economic development and business ownership: An analysis using data of 23 OECD countries in the period 1976–1996[J]. Small Business Economics, 19: 271-290.

Carree M A, Thurik A R. 2008. The lag structure of the impact of business ownership on economic performance in OECD countries[J]. Small Business Economics, 30(1): 101-110.

Carter N M, Gartner W B, Reynolds P D, 1996. Exploring start-up event sequences[J]. Journal of Business Venturing, 11(3): 151-166.

Christian B, Julien P-A. 2000. Defining the field of research in entrepreneurship[J]. Journal of Business Review, 16(2): 165-180.

Conger J A, Kanungo R N. 1988. Behavioral Dimensions of 171 Charismatic Leadership[M]// Conger J A, Kanungo R N. Charismatic leadership: The elusive factor in organizational effectiveness. San Francisco: Jossey-Bass Publishers: 324-336.

Conger J A, Kanungo R N. 1988. Charismatic Leadership: The Elusive Factor in Organizational Effectiveness[M]. London: Jossey-Bass.

Cooper R G, Kleinschmidt E J. 1986. An investigation into the new product process: Steps, deficiencies, and impact[J]. Journal of Product Innovation Management, 3(2): 71-85.

Cope J. 2011. Entrepreneurial learning from failure: An interpretative phenomenological an analysis[J]. Journal of Business Venturing, 26(6): 604-623.

Cuervo I, Ribeiro D, Roig S. 2007. Entrepreneurship: Concepts, Theory and Perspective[M]. Berlin Heidelberg: Springer-Verlag.

Davidsson P, Honig B. 2003. The role of social and human capital among nascent entrepreneurs[J]. Journal of Business Venturing, 18(3): 301-331.

Davidsson P, Wiklund J. 2001. Levels of analysis in entrepreneurship research: Current research practice and suggestions for the future[J]. Entrepreneurship Theory and Practice, Summer: 81-99.

Derickx I, Cool K. 1989. Asset stock accumulation and sustainability of competitive advantage[J]. Management Science, 35(12): 1504-1511.

Druker P F. 1985. Innovation and Entrepreneurship[M]. New York: Harper & Row.

Elzinga D J, Horak T, Chung-Yee L, et al. 1995. Business process management: Survey and methodology[J]. IEEE Transactions on Engineering Management, 24(2): 119-128.

Fern M J, Cardinal L B, O'Neill H M. 2012. The genesis of strategy in new ventures: Escaping the constraints of founder and team knowledge[J]. Strategic Management Journal, 33(4): 427-447.

Freeman C. 1982. The Economics of Industrial Innovation[M]. 2th. Cambridge: The MIT Press.

Gans J S, Stern S, Wu J. 2019. Foundations of entrepreneurial strategy[J]. Strategic Management Journal, 40(5): 736-756.

Garavaglia C, Breschi S. 2009. The co-evolution of entrepreneurship and clusters[C]// Fratesi U, Senn L. Growth and Innovation of Competitive Regions. Berlin, Heidelberg: Springer: 95-116.

Gartner W B. 1985. A conceptual framework for describing the phenomenon of new venture creation[J]. The Academy of Management Review, 10(4): 696-706.

Gartner W B. 1988. "who is an entrepreneur?" Is the wrong question[J]. American Journal of Small Business, 12(4): 11-32.

Garud R, Karnøe P. 2003. Bricolage versus breakthrough: Distributed and embedded agency in technology entrepreneurship[J]. Research Policy, 32(2): 277-300.

Gilad B, Levine P. 1986. A behavioral model of entrepreneurial supply[J]. Journal of Small Business Management, 24(4): 45-53.

Gries T, Naudé W. 2009. Entrepreneurship and regional economic growth: Towards a general theory of start-ups[J]. Innovation: The European Journal of Social Science Research, 22(3): 309-328.

Gupta V, MacMillan I C, Surie G. 2004. Entrepreneurial leadership: Developing and measuring a cross-cultural construct[J]. Journal of Business Venturing, 19(2): 241-260.

Hejazi S A M, Maleki M M, Naeiji M J. 2012. Designing a scale for measuring entrepreneurial leadership in SMEs[J]. International Proceedings of Economics Development & Research, 28: 71-77.

House R J. 1977. A 1976 Theory of Charismatic Leadership[M]// Hunt J G, Larson L L. Leadership: The Cutting Edge. Carbondale: Southern Illinois University Press: 189-207.

Ireland R D, Hitt M A, Camp S M, et al. 2001. Integrating entrepreneurship and strategic management actions to create firm wealth[J]. Academy of Management Perspectives, 15(1): 49-63.

Ireland R D, Hitt M A, Sirmon D G. 2003. A model of strategic entrepreneurship: The construct and its dimensions[J]. Journal of Management, 29(6): 963-989.

Katz J, Gartner W B. 1988. Properties of emerging organizations[J]. Academy of Management Review, 13(3): 429-441.

Kirkpatick S A, Locke E A.1991. Leadership: Do traits matter? [J]. Academy of Management Perspectives, 5(2): 48-60.

Kirschenhofer F, Lechner C. 2012. Performance drivers of serial entrepreneurs entrepreneurial and team experience[J]. International Journal of Entrepreneurial Behaviour & Research, 18(3): 305-329.

Kirzner I. 1973. Competition and Entrepreneurship[M]. Chicago: University of Chicago Press.

Knight F H. 1921. Risk, Uncertainty and Profit[M]. Boston: Houghton Mifflin.

Krueger Jr N F. 2007. What lies beneath? The experiential essence of entrepreneurial thinking[J]. Entrepreneurship Theory and Practice, 31(1): 123-138.

Kuratko D F, Covin J G, Hornsby J S. 2014. Why implementing corporate innovation is so difficult[J]. Business Horizons, 57(5): 647-655.

Lichtenstein B B, Dooley K J, Lumpkin G T. 2006. Measuring emergence in the dynamics of new venture creation[J]. Journal of Business Venturing, 21(2): 153-175.

Low M B, MacMillan I C. 2007. Entrepreneurship: Past research and future challenges[C]//Cuervo Á, Ribeiro D, Roig S. Entrepreneurship. Berlin: Springer: 131-154.

Lumpkin G T, Dess G G. 1996. Clarifying the entrepreneurial orientation construct and linking it to performance[J]. Academy of Management Review, 21(1): 135-172.

Lumpkin G T, Lichtenstein B B. 2005. The role of organizational learning in the opportunity–recognition process[J]. Entrepreneurship Theory and Practice, 29(4): 451-472.

Luttmer E G J. 2007. Selection, growth, and the size distribution of firms[J]. The Quarterly Journal of Economics, 122(3): 1103-1144.

MacMillan I C. 1986. To really learn about entrepreneurship, let's study habitual entrepreneurs[J]. Journal of Business Venturing, 1(3): 241-243.

Mansfield E. 1968. Industrial Research and Technological Innovation: An Econometric Analysis[M]. New York: Norton.

McClelland D C. 1973. Testing for competence rather than for "intelligence."[J]. American Psychologist, 28(1): 1-14.

Miller D. 1983. The correlates of entrepreneurship in three types of firms[J]. Management Science, 29(7): 770-791.

Mitchell J R, Friga P N, Mitchell R K. 2005. Untangling the intuition mess: Intuition as a construct in entrepreneurship research[J]. Entrepreneurship Theory and Practice, 29(6): 653-679.

Mitchell R K, Busenitz L W, Bird B, et al. 2007. The central question in entrepreneurial cognition research 2007[J]. Entrepreneurship Theory and Practice, 31(1): 1-27.

Morris M H, Kuratko D F. 2002. Corporate Entrepreneurship: Entrepreneurial Development within Organizations[M].

New York: Harcourt College Publishers.

Murray J A. 1984. A concept of entrepreneurial strategy[J]. Strategic Management Journal, 5(1): 1-13.

Nonaka I. 1995. The Knowledge-Creating Company: How Japanese Companies Create the Dynamics of Innovation[M]. New York: Oxford University Press.

Nonaka I. 2007. The knowledge-creating company[J]. Harvard Business Review, 85(7/8): 162, 164-171.

Noseleit F. 2013. Entrepreneurship, structural change, and economic growth[J]. Journal of Evolutionary Economics, 23(4): 735-766.

Park S, Bae Z T. 2004. New venture strategies in a developing country: Identifying a typology and examining growth patterns through case studies[J]. Journal of Business Venturing, 19(1): 81-105.

Parker S C. 2013. Do serial entrepreneurs run successively better-performing businesses? [J]. Journal of Business Venturing, 28(5): 652-666.

Pfeffer J, Salancik G R. 1978. The External Control of Organizations: A Resource Dependence Perspective[M]. New York: Harper and Row.

Plehn-Dujowich J. 2010. A theory of serial entrepreneurship[J]. Small Business Economics, 35(4): 377-398.

Podoynitsyna K, van der Bij H, Song M. 2012. The role of mixed emotions in the risk perception of novice and serial entrepreneurs[J]. Entrepreneurship Theory and Practice, 36(1): 115-140.

Porter M E. 1980. Competitive Strategy Techniques for Analyzing Industries and Competitors[M]. New York: The Free Press.

Price R W. 2005. Annual Editions: Entrepreneurship[M]. New York: McGraw-Hill.

Price R. 2004. Roadmap to Entrepreneurial Success: Powerful Strategies for Building a High-Profit Business [M]. New York: American Management Association.

Reynolds P D, Bygrave W D, Autio E, et al. 2002. Global Entrepreneurship Monitor[R]. Babson College, London Business School and Kauffman Foundation.

Richardson G B. 1972. The organization of industry[J]. Economic Journal, (82): 21-29.

Robbie K, Wright M. 1995. Management Buy-ins: Entrepreneurship, Active Investors and Corporate Restructuring[M]. Manchester: Manchester University Press.

Romer P M. 1986. Increasing returns and long-run growth[J]. Journal of Political Economy, 94(5): 1002-1037.

Romer P M. 1990. Endogenous technological change[J]. Journal of Political Economy, 98(5): 71-102.

Rumelt R P. 1991. How much does industry matter? [J]. Strategic Management Journal, 12(3): 167-185.

Sahlman W A. 1997. How to Write a Great Business Plan [M]. Cambridge: Harvard Business School Press.

Sahlman W A. 1999. Some Thoughts on Business Plan: The Entrepreneurial Venture[M]. New York: HBS Publication.

Sautet F. 2011. Local and systemic entrepreneurship: Solving the puzzle of entrepreneurship and economic development[J]. Entrepreneurship Theory and Practice, 37(2): 387-402.

Schmitz A, Urbano D, Dandolini G A, et al. 2017. Innovation and entrepreneurship in the academic setting: A systematic literature review[J]. International Entrepreneurship and Management Journal, 13(2): 369-395.

Schumpeter J A. 1934. The Theory of Economic Development[M]. Cambridge: Harvard University Press.

Shane S, Venkataraman S. 2000. The promise of entrepreneurship as a field of research[J]. Academy of Management Review, 25(1): 217-226.

Shane S. 2000. Prior knowledge and the discovery of entrepreneurial opportunities[J]. Organization Science, 11(4): 448-469.

Shrader R, Siegel D S. 2007. Assessing the relationship between human capital and firm performance: Evidence from technology-based new ventures[J]. Entrepreneurship Theory and Practice, 31(6): 893-908.

Siddiqui S. 2007. An empirical study of traits determining entrepreneurial leadership: An educational perspective[J]. Skyline Business Review, 4(1): 37-44.

Smith N R. 1967. The entrepreneur and his firm: The relationship between type of man and type of company[C]. Bureau of Business and Economic Research. Michigan State University.

Smith N R. Miner J B. 1983. Type of entrepreneur, type of firm, and managerial motivation: Implication for organizational life cycle theory[J]. Strategic Management Journal, 4(4): 325-340.

Solow R M. 1957. Technical change and the aggregate production function[J]. The Review of Economics and Statistics, 39(3): 312.

Spigel B, Harrison R. 2018. Toward a process theory of entrepreneurial ecosystems[J]. Strategic Entrepreneurship Journal, 12(1): 151-168.

Spulber D F. 2010. Competition among entrepreneurs[J]. Industrial and Corporate Change, 19(1): 25-50.

Starr J, Bygrave W. 1991. The Assets and Liabilities of Prior Start-Up Experience: An Exploratory Study of Multiple Venture entrepreneurs[C]// Churchill N C, Bygrave W D, Covin J G, et al. Frontiers of Entrepreneurship Research. Wellesley: Babson College: 213-227.

Stevenson H H, Jarillo J C. 1990. A paradigm of entrepreneurship: Entrepreneurial management[J]. Strategic Management Journal, 11(5): 17-27.

Stogdill R M.1948. Personal factors associated with leadership: A survey of the literature[J]. The Journal of Psychology, 25(1): 35-71.

Timmons J A, Spinelli S. 2008. New Venture Creation: Entrepreneurship for the 21st Century[M]. New York: McGraw-HillIrwin.

Ucbasaran D, Westhead P, Wright M, 2001. The focus of entrepreneurial research: Contextual and process issues[J]. Entrepreneurship Theory and Practice, 25(4): 57-80.

Vecchio R P. 2003. Entrepreneurship and leadership: Common trends and common threads[J]. Human Resource Management Review, 13(2): 303-327.

Venkataraman S. 1997. The distinctive domain of entrepreneurship research: An editors perspective[C]// Katz J, Brockhaus J. Advances in Entrepreneurship, Firm Emergence and Growth. Greenwich: JAI Press: 119-138.

Weiler S, Hoag D, Fan C M. 2006. Prospecting for economic returns to research: Adding informational value at the market fringe[J]. Journal of Regional Science, 46(2): 289-311.

Welter F. 2011. Contextualizing entrepreneurship—conceptual challenges and ways forward[J]. Entrepreneurship Theory and Practice, 35(1): 165-184.

Wernerfelt B. 1984. A resource-based view of the firm[J]. Strategic Management Journal, 5(2): 171-180.

Westhead P, Ucbasaran D, Wright M. 2005. Experience and cognition: Do novice, serial and portfolio entrepreneurs differ[J]. International Small Business Journal: Researching Entrepreneurship, 23(1): 72-98.

Wickham P A. 2001. Strategic Entrepreneurship: A Decision-Making Approach to New Venture Creation and Management[M].2nd. New York: FT Press.

Worsham E L. 2012. Reflections and insights on teaching social entrepreneurship: An interview with Greg Dees[J]. Academy of Management Learning & Education, 11(3): 442-452.

Zahra S, Dess G G. 2001. Entrepreneurship as a field of research: Encouraging dialogue and debate[J]. Academy of Management Review, 26(1): 8-10.